人品成交

最年輕終身TOT的超業心法

林孟璇 著

目錄

自序 你看過凌晨五點的台北嗎？ 9

第一章 三十八歲定終身 15

・比中樂透更迷人的工作／16
・賽車魂的行動辦公室／22
・保險是個人意志的延伸／27

第二章 保二代不想接班 35

・保險養大的孩子／36
・無聊的行政工作救了我／42
・光環與陰影／47
・承接孤兒保單的底氣／53
・我不是接班人，而是接棒者／59

第三章 拆解超業技能 63

・找出驅動力／64
・有多自律就有多自由／71

・完整人物設定／77
・為客戶減壓／84
・不挑客戶、不賣人情保單／90
・解鎖特殊客戶／96
・管理信任危機事件／103
・我們都犯過的錯／111
・重新定義挫折／118
・運氣是存出來的／124

第四章 從檢視到延續 131

・保單檢視的重要性／132
・保單檢視需要具備的能力／139
・保單檢視的流程／147
・保險經紀人公司的優勢／154
・為什麼新人要保單常常失敗？／161

第五章 客戶買的是人品 177

・情感×認知的雙重同理／178
・讓客戶站在我的肩膀上／185
・人品是什麼，可以吃嗎？／192

第六章

未完待續

・比速度更重要的事／200
・全天下最完美的陣容／206
・愛與責任永不到期／213

自序

你看過凌晨五點的台北嗎？

或多或少，總有一些時候，凌晨或深夜，當我為了客戶穿梭在這個城市，頭倚著車窗，眼角掛著疲憊，卻為努力的自己感到滿足。

我所擁有的自由是因為知道，這些辛苦不為別人，是自己願意。

「如果不是這份工作，就會錯過這些美好，那該有多可惜！」這個念頭總是在我腦海浮現，客戶家隔壁令人垂涎三尺的魷魚羹湯，那些發現舊時光雜貨店的驚喜，那些巷子口的爆米香發財車……那些我穿越過的騎樓，那些我翻閱過的人生，我經過它們，而它們成為了現在的我，是我喜歡的模樣。

所以我也想讓你們看見這份工作。一份值得我傾盡全力的工作。

沒有哪一個成功人士是因為討厭自己的工作而成功，當然也不保證喜歡的工作就一定符合所有期待。但是這份工作從來沒有讓我失望。我為客戶創造的價值累加成了我的價值，客戶的歲月靜好是一副厚實的齒輪，推動著我的翅膀，無論順風還是逆風，都振翅前行。

確定取得第十次的終身百萬圓桌頂尖會員資格ＴＯＴ的那一天，我以為自己會欣喜若狂。畢竟已經記不清有多少個狂風暴雨的日子，將高跟鞋踏成輕舟，以拍災難片的姿態抵達客戶身邊時，還能掛著微笑。但是我只為了終於完成目標快樂一個小時。我知道自己那麼努力追趕著時間、想成為有能力的人，為的是最終成為有能量的人。

這份能量能使我成為一個範本——一個堅持把事情做對、將困難的挑戰視為華麗的冒險，希望每一個客戶都被用心且專業對待，並且熱愛這個工作的範本。當這個範本被複製，這份工作價值就更能被重視，那些錯誤認知的刻板印象才有機會改變，這也是我守護自己終身志業的方式。

就在兩天前，有一個經由轉介紹、剛完成規劃的客戶撥電話給我，劈頭就問：「我在網路上看到有人說保經公司的業務員都賣佣金高、內容差的商品給客戶，我有點害怕。」雖然處理這類問題對我已經是稀鬆平常，還是忍不住感到心酸。每一個行業都有害群之馬，但是當這句話的出發點來自於行業內的競爭，傷害的是整個產業。這些年我認識的頂尖業務員，都有一個共同特質，就是希望提升整個壽險業的素質，這也是為什麼我們不再只專注於追求個人的巔峰，而願意花時間建構團隊。因為沒有傳承的使命是沒有力量的。

我個人能照顧的客戶有限，但是擁有團隊之後，想照顧客戶的意志就能轉化為一股力量，成為客戶最穩固且強大的後盾。天晴時你陪我前行，雷雨天我為你撐傘。

這不是一本敘述從小家道中落、立志向上，然後長大出人頭地的書，我沒有那麼戲劇化的人生。相反的，我一直都是被父母保護得很好，有一點小聰明和一點小傲氣的平凡人。我能達成現在的成就，是因為我一開始就設定要被看見，這是我的決心；把挑戰和挫折當作冒險，打磨直到發光，這是我的淬鍊；正確的事重複做，這是我的關鍵。對堅持與責任絕不妥協，在專業與經驗裡力求提升，這是我的價值。堅持使命、用心傳承，將會成為我的力量。

宇宙不會為這個世界製造多餘的人。我們永遠沒有辦法成為最好的別人，但終能成為理想中美好的自己。我從來沒有忘記剛入行時的初心，我銷售的從來都不是商品，而是我的人品。

如果這輩子只能完成一件事，我絕不允許它沒沒無聞。

第一章

三十八歲定終身

力量

「最年輕終身ＴＯＴ」在保險業界是榮耀的桂冠、也是成就的符碼，它的光芒璀璨耀眼，彷彿恆星在夜空閃爍，為仍在追求夢想之路上的人們指引方向。但是對我來說，達成這項目標並不是終點。除了令人欽羨的成功，時間與財富的自由，這項成就所賦予我的是「改變的力量」。往後我的選擇與信念，不僅將改變我的人生，也將影響著數以千計的客戶、所有的團隊夥伴，甚至是整個保險產業。唯有擁有真實的力量，才能實現理想。

比中樂透更迷人的工作

我在二十五歲進入保險業，二十八歲成為TOT（頂級美國百萬圓桌會員），年度保費達到六百萬美元；三十八歲連續十次取得TOT，獲得終身會員資格，是台灣最年輕獲得終身TOT會員資格的保險業務員。百萬圓桌會議（The Million Dollar Round Table，簡稱MDRT），是全球壽險精英的最高榮譽，其會員在國際上被公認為人壽保險和金融服務業務的優秀標準。

我常形容ＴＯＴ是「保險業界的聖母峰」，登頂的困難度除了高額的業績目標，還有必須克服的心理障礙，是所有保險業務員的心之所向與最高榮譽。

在連續十次登頂之後，除了成功與榮耀，我發現這份工作比中樂透更迷人。

我幾乎想不到還有什麼工作，擁有絕對的自由。身為一個保險業務員，想要在哪裡開發客戶、採取什麼行銷模式，不需要經過主管或上級同意，完全可以發揮過去人生經驗的累積，從個人喜好、興趣、擅長的領域出發，而且具有容錯性。所謂的容錯是允許各種試誤，每一次被客戶拒絕，都可以再修正或調整，嘗試各種方式達成目標，這是最令我樂在其中的事情。而且工作的時間地點完全不受限制，在哪裡開發客戶、在什麼時間處理工作，全由我決定。

除了進公司開會、上課，處理必要的文書作業，我不是喜歡待在辦公室裡的人，總是把所有時間用來拜訪客戶、服務客戶。有客戶在頭城經營無敵海景咖啡店，我最喜歡坐在靠窗座位寫規劃書；也有客戶住在山城九份，每次拜訪我都趁機大力呼吸山嵐的水氣瀰漫。這些行程是工作也是舒壓，透過不同情境敞開身心、療癒自己。眾人狂歡的週末夜晚，我可能待在家安靜的工作；上班族憂鬱的星期一早晨，我可能在城市裡的人氣咖啡館打卡，點一杯熱拿鐵、舒服地讀一本書。

人不是機器，一定會有狀態不適合工作的時候，例如身體不舒服、情緒不到位而難以專注。我會視情況轉換工作模式，包括時間地點。但是無論在哪裡，我一定即時回應客戶需求，即使無法立即處理，也會告知後續處理時程。工作量無法改變，但是密度與時間可以彈性調整。我在不同生活情境切換人生角色，唯有工作狀態永遠在線。不過，沒有上下班時間的分界，也表示我隨時可以離線處理個人事務，無論是照顧自己的心情或是家人的生活。職業女性結婚生子後，面臨工作與家庭蠟燭兩頭燒的困境，往往必須做出取捨。我卻有更多餘裕照顧孩子，不必承受職場上的壓力。對我的家人、朋友來說，我也是可以給予最大實質支持的人，當他們需要我，我會出現在他們身邊。不只是精神上的支持，而是真實陪伴。

旁人眼中的我看起來光鮮亮麗，我必須要說，實際上也是。每天都要接觸客戶，我要求自己的穿著打扮必須得體，衣服、鞋子、包包、首飾，一定選擇有質感與價值感的單品，不需要刻意奢華，但是要與內在相符。偶爾我也會把喜歡的名牌包當作達成目標的獎勵，對我的工作來說，是必需品而不是奢侈品。尤其是面對高資產客戶，我讓對方認同的不只是專業，還有個人品味。因為對高資產客戶來說，如果我看起來是無法把自己財務管理好、或是距離他的生活水準太遠，客戶可能會認為我們本質上就是不同世界的人，很難說服他把資產交給我規劃。

前期為了迅速累積經驗值與客戶量，非常辛苦。大約在第七、八年，我的行銷技巧與客戶數量已經達到成熟的狀態，只要維持每天的工作量，把日程表該做的事情完成，就會有穩定的業績與收入。每個人對財富自由的定義不同，但是就客觀條件來看，我的收入完全滿足所要求的生活品質，也不需要煩惱退休生活。因為前期努力累積了穩定的客戶數量，即使不再開發新客戶、沒有成交新保單，只專注服務原有客戶，仍會有續期佣金作為固定收入。最重要的是，工作的樂趣、成就感與對客戶的使命感，讓我捨不得退休，還因此持續獲得更多報酬。除此之外，如果未來我的孩子願意從事這份工作，我不只可以將行銷技能傳授給他，還可以把我的客戶移交給他繼續服務，這對身為母親的我來說，是非常大的動力。某種意義上，我就像是創立了一份事業，是可以繼續傳承的。

除了時間自由、財務自由，這份工作還有一個迷人之處，就是我的客戶。我有五千多個客戶，每個人都是最獨特的一幅畫、一本書，讓我在有限的生命裡，看見形形色色的人生風景，理解不同的價值觀。我在與客戶的談話及互動中，獲得許多不同的思考與學習，開闊視野、也更深層的探索內在。每一段關係都是美好的相遇，豐富我也砥礪我。因此我深刻感受到，這不只是比中樂透更迷人的工作，也是讓我捨不得退休的工作。

比中樂透更迷人的工作

賽車魂的行動辦公室

超級業務員通常擁有一輛名車，不知道這個刻板印象從何而來。我進入保險業之前差點成為汽車業務，而且只鎖定雙B品牌。因為我非常喜歡開車，內心住著熱血賽車魂，也確實擁有一輛精心挑選的好車。現實環境裡不能競速，我就玩賽車遊戲。握住方向盤、全神貫注開過髮夾彎，進入渾然忘我的心流狀態。充分享受最專心也最放鬆的體驗，同時釋放壓力。以前我常找人比賽，現在對手則是自己，追求的是不斷超越自己、刷新個人紀錄，想知道自己的極限在哪裡，然後突破。

三十歲那年，小兒子出生，我把原來的房車換成休旅車。這輛車別具意義，是憑自己能力買下的第一輛百萬車款，直至今日，仍載著我奔馳。我在歐系車款選擇相對低調的德國品牌，車的外型是個人形象延伸，不拘小節的率性奔放，象徵穩定中保留的玩心。啟動引擎、握住方向盤，就可以完全掌握路線與速度，抵達從未去過的地方，讓我感覺自己是自由的，即使長途跋涉也非常享受。我盡量把與工作有關的細節，設定在喜歡的狀態，例如喜歡的車、喜歡的空間。如此一來，即使沒有成交也不影響心情，因為過程中已經感受許多美好的事情，足以稀釋沮喪與挫折感。

為了拜訪客戶，我大部分的工作時間都在開車移動。因為不喜歡待在辦公室，所以汽車不只是交通工具，也是我的行動辦公室。

只要找到適合臨時停車的地點，我就在車子裡聯絡客戶、用筆記型電腦處理公事。它陪我迎接好多小客戶的誕生，後車廂裡裝滿尿布，回程變成蛋糕或是油飯。它也陪我靜靜待過台北所有殯儀館的停車場，陪伴我的眼淚和悲傷。它還肩負過運鈔車的功能，護送客戶與近千萬的現金前往銀行。我曾經因為急迫的投遞文件到客戶信箱，不小心因此受傷，滿手鮮血的回到車上，是它載著我奔往急診室。

更多時候，我是在車上完成客戶的建議書，或是對總公司報告的計劃表。沒有什麼是無法在車上完成的，它就是我的行動辦公室，是我的雙腳，更是我的保護傘。每每穿越傾盆大雨回到車上，它為我烘乾濕透的高跟鞋；穿梭在暑氣逼人的豔陽天，它為我快速降溫，讓我沒有昏沉的理由，又可以冷靜出發。車是我最好的夥伴，在不同環境裡讓我保持最佳狀態，支持我前往每一個目的地，就像是定海神針。偶爾極緊急或是客戶時間有限的狀況，我會在晚上出門，常常結束工作已經深夜。聽著引擎的高轉速聲，奔馳在高架道路上，伴隨著重節奏的音樂，台北的夜色那麼美，一路快速地前進，我覺得自己是這世界上最幸福的人。無論是清晨天色未開，或是深夜城市星光，若是沒有這台車，我豈能如此隨心所欲自由來去？

保險業務員是單打獨鬥的工作，雖然有同期進入公司的夥伴，隨著各自發展愈來愈成熟，相互陪伴、並肩作戰的機會就愈來愈少。我的車就是最忠實的夥伴，也是我的翅膀。雙手握住汽車方向盤時，彷彿也掌握了人生的方向盤，我擁有全然自主權，無論目的地多陌生、多遙遠，隨時都可以出發，不需要猶豫，也不會害怕。我出發去看許多風景、認識許多心靈，不斷擴充經驗值與視野，變得更洗鍊也更有自信。

車是辦公室的延伸，也是安全感的延伸。我開車的頻率很高、在車裡的時間很長。在車裡簽約、在車裡談規劃書，都是時常發生的事。所以這個「空間」的安全性、舒適性非常重要，以確保我的工作品質與心情。車子是生命裡最重要的夥伴，我的喜怒哀樂，都在車裡時刻上演。成交高額保單時的雀躍，被客戶誤解時的眼淚，在這裡我沒有人設也沒有包袱，它靜靜地擁抱我的一切。它就是我的鋼鐵衣，是我一直堅持下去的秘密武器。只要發動引擎，它又給了我一副翅膀，帶我去任何想去的地方，那是自由，也是療癒，更是歷經每一個脆弱時刻後，讓我總是能重新整裝再出發的力量。它乘載了我的勇氣、我的自信，還有我的安全感，支持我盡情翱翔、追逐夢想。

賽車魂的行動辦公室

保險是個人意志的延伸

在別人眼中，我是「超級業務員」、「保險天后」，總是在建議別人「買保險」，很多人對我個人的保險規劃感到好奇，說明規劃時，客戶常常反問我：「那妳有買嗎？買多少保額？」

因為母親擁有三十幾年的保險業資歷，我的保險被規劃得非常完備，但是幾乎不知道到底買了哪些保單。大約在進入保險業第五年，我才認真檢視自己的保單，發現絕大部分是重大疾病險、壽險跟儲蓄險，比較缺少實支實付類型的醫療險。這或許是早期保險規劃的趨勢，或是當時商品選擇性有限，導致很多人認為自己已經花很多錢買保險，卻沒有醫療理賠的保障。隨著經驗累積與收入提高，我慢慢開始補強自己的保險規劃，原有保單可以新增的就變更。補足自己的風險缺口後，我著手檢視先生與孩子的保單，確認他們的保單規劃在合理的範圍內。

一般建議個人保險費占比為年收入的十分之一，但是我的年保費遠高於建議比例。主要原因是有了兩個孩子之後，我意識到家庭責任的負荷，一旦生病或受傷無法工作，將嚴重影響家庭經濟與生活品質。所以在分配保險費用比例時，只要負擔得起，我規劃的目標是：不論發生疾病或意外，至少五年不能工作的生活支出，或是住院三個月的所有醫療花費與薪資損失。這些都是透過妥善規劃擁有達成的保障。我認為保險的核心價值是「你願意花多少錢去分散風險？」無論是積極地透過保險配置，換取風險發生後依然維持更好的生活品質；或是消極地避免自己或家人陷入經濟與生活的困境。

每個人對於風險的定義不同，可以承受的能力也有所差異。但是在預算一定有限的情況下，對於要花多少錢預備充滿不確定性的未來，只能憑感覺與想像。我看過各種風險與意外，累積了非常多理賠的實務經驗，對存在的風險有強烈的認知，所以堅持要讓客戶理解風險控管的重要性。客戶往往在發生事件後，才意識到原來的規劃不足，但是理賠後的體況導致無法再新增，是非常遺憾的事情。因此我建議客戶每三年進行保單檢視，務必把每一次規劃都當成最後一次審慎考慮，無論是否成功說服客戶，這是保險業務員應盡的職責與存在價值。

我認為保險的意義是個人意志的延伸。所有建議都不是為了成交保單而被提出，是為了服務客戶的人生而存在。每一份保單的規劃，都與他人生的面向密切相關，包括生命財產、生存的方式（生活品質），以及所重視的人。當他發生重大疾病、意外傷害，無法繼續支撐與守護這些價值的時候，保險就應該啟動防護網，不只承接客戶本人，更要遞補他原本的位置，代替他發揮功能。然而，這張防護網應該縝密堅實到什麼程度，其實一般人是無法預想的。通常我會以實際的理賠案例說明，分享自己的保單規劃與配置原因，陪客戶逐一釐清想要分散的風險。

以醫療險為例，金管會規定醫療實支實付、傷害實支實付，每人可投保上限分別為三張。我就規劃三張，每一筆醫療花費將同時啟動三張保單理賠。目的當然不是要利用保單賺錢，而是除了支付醫療費用之外，理賠金額還可以彌補無法工作的薪資損失，以及照顧者的費用或薪資損失。假設家人請假照顧我，損失的薪水當然也要有所補償，將對家庭經濟的影響降到最低。短期住院還不是最嚴重的情況，更大的潛在風險是短期內無法回到職場，那保障至少要可以支撐半年收入，不會讓生活立即有困難。例如住院超過一個月，表示是相對嚴重的疾病，短時間無法正常工作。那另外二張實支實付的理賠，須足以支撐三至六個月無法工作的薪資損失，買三張保單是為了分散這些短期風險。

我常舉的另一個例子是失能險。失能險對應的是因身體傷殘無法工作，最常見的情況是中風。我的規劃是每一個月有十二萬的理賠額度，除了足以負擔私人看護的費用，還能維持理想的生活品質。即使出國旅行或是坐輪椅環島都是可能的，不必因為中風只能限縮移動範圍，或是連累家人犧牲工作與生活。風險控管關注的不只是自己，還有伴侶與家人。疾病與意外難以避免，但是我可以為最壞的情況，做最好的安排。而我心中最好的安排，無法只用「收入的幾分之幾」去考慮，我相信每個人都是如此，所以業務員必須引導客戶更實際去思考及評估，而不只是提供商品資訊而已。

關於意外的風險控管，我通常會用旅行來溝通規劃的邏輯。每年公司舉辦歐洲員工旅遊，我與先生會一起前往。出國旅行最大的風險是飛行安全，信用卡支付全額公共運輸工具費用或團費，幾乎都享有旅行平安險的保障，飛機失事意外有三千萬理賠額度。我會特地申辦理賠金額較高的信用卡，提高到五千萬。另外，一張旅行平安險的理賠金額最高是二千萬，購買二張達到四千萬，再加上航空公司一般會有一千萬的理賠金額，透過以上的規劃，將理賠總額達到一億元。如果我與先生不幸遇到飛機失事，至少留給兩個小孩共兩億的保險理賠金。

客戶通常會表示，飛機失事的機率很低，而且不需要留給孩子那麼多錢。規劃一億的理賠金額，實際上支出的保險費用大約是三千元。大部分的人認為，這三千元可以在免稅商店買美妝商品、在國外餐廳享用晚餐或是看一場表演，用來買保險是不必要的花費。但是我無法想像在飛機上遭遇亂流、心情惶恐不安的時刻，腦海中浮現的是，我省下這三千元而不是一億留給孩子。如果飛機真的失速墜落，孩子失去了可依賴的雙親，至少會成為億萬富翁。「**保險的意義，不是有人即將死去，而是還有人要活下去。**」在考慮保險規劃時，不只是要「活下去」，而是要活得有尊嚴、有品質，因此我認為保險是個人意志的延伸。

保險是個人意志的延伸

第二章

保二代不想接班

決心

回顧進入保險產業的這十五年，我做了許多決定，從最初決定放棄安穩的行政工作、決定進入保險業從零開始學習、決定經營孤兒保單快速累積經驗、決定掙脫我母親的光環與隨之而生的陰影、決定從此要為客戶奮力奔跑。每一個決定，都是我不輕言放棄的決心。即使在他人的眼中，我擁有得天獨厚的資源與條件，但是我不要選擇簡單安全的道路，每一次都誠實面對自己的內心，勇於挑戰也勇敢承擔。使我成功的不是決定，而是決心。

保險養大的孩子

從我有記憶開始，就知道母親的工作跟保險有關。小時候有很多關於夜晚的記憶，都是在父親的汽車後座躺著看星星，父女倆一起等母親下班。

母親有一個公事包，裡面裝了很多商品傳單，還有父親製作的精美文宣。我印象最深刻的內容，是一個騎腳踏車賣燒肉粽的小販，被上方跳下來的人壓倒在地上，眼睛還冒著金星。長大後才知道原來這是一則社會新聞，保險公司利用這個意外事件，訴求意外無所不在，只要一點意外險的保費，意外發生後至少可以保障家屬短期內生活無虞。

母親出身台中，結婚後移居台北，在北部沒有人脈，進入保險業初期，只能依靠幾個親戚介紹客戶，幫忙終究有限。但是苦上來的孩子有一種堅韌，而這份努力讓宇宙為她開路。後來，母親憑藉著職域開發的方式，開始累積客戶量，業績也蒸蒸日上，還成為公司內部高峰會的會長。這是獎勵，也是最高榮譽，我至今仍清楚記得，她每年穿著華麗的禮服、戴著閃閃發亮的皇冠，神采飛揚地上台領獎。

從我就讀小學開始，全家每年必定出國兩次，我對於這個世界的視野也就此展開。德國黑森林的鮭魚和啤酒，瑞士的銀白色鐵力士山，雲南玉龍雪山前的情歌，以及美國拉斯維加斯的白老虎秀，還有高中時期前往加拿大洛磯山脈遊學的回憶，都在我心裡刻下深深淺淺的幸福。

家裡的經濟狀況因為母親事業騰達而大幅改善，父母親對我一直都是有求必應。全家搭乘麗星郵輪度假時，我在船上對跳舞機著迷，下了船，父親立刻買給我。「天上的月亮都摘下來給妳。」母親如此形容父親對我的溺愛，說我是保險養大的孩子絕對不為過。

但是，這個保險養大的孩子，卻從來沒有想過要繼承母親的衣缽，甚至抗拒成為保險業務員。因為我認為從事保險業會失去人緣，認為業務工作的成功，是倚賴死纏爛打與人情攻勢。即使母親用二十年來的專業與傑出證明，事實並非如此，也無法改變我的刻板印象。仔細回想，其實母親未曾分享她的工作，我是從她每天忙碌的行程、接不完的電話來窺見這個行業。看到不為人知的辛苦，以及接受掌聲與喝采的風光；但是以前我沒有看見的，是客戶對她的倚重以及視如家人的信任，還有從這份工作獲得的滿足和成就感。

有一段時間，我曾經一心一意想成為業務員，但是想要銷售的是歐洲車。從小到大，母親未曾干預我的選擇，無論是想就讀的科系、興趣或是人生規劃。她最大的憂心，不是我要不要接手事業；而是手上那麼多客戶，未來要託付給誰。被台灣賓士錄取的同時，我發現自己懷孕。無法接受懷孕初期必須離家半年前往南部受訓，於是徹底斷了這個念想。這個預期之外的轉折，成為轉職保險業的契機。保險養大的孩子，終於成為保險業務員了。

初期，我擔任母親的助理，除了文書工作，也開始替她處理客戶服務。當時爆發全球金融海嘯，於是我在保險業的第一年，就遇到強震級的震撼教育。

有好長一段時間，我只被指派一項任務：帶著因為全球經濟海嘯而虧損的投資型保單，去向客戶說明情況。對於尚未取得投資型商品證照的菜鳥業務來說，分明就是去當出氣包。但我別無選擇，只能以視死如歸的氣魄，端坐在客戶家中客廳，靜默的空氣中瀰漫著肅殺的氣氛，文件上動輒負三十到負五十的淨值數字……現在想起來，彷彿還能感受到臉部皮膚發燙、手心冒著冷汗、心跳瘋狂加速。

十幾年後的今天，想起當時緊張困窘的自己，不禁莞爾一笑。現在的我，有能力提出有更多更好的解決方案讓客戶冷靜安心。至少，不用當出氣包了。但是我由衷感謝那些當出氣包的日子，使我的心智在一場又一場的震撼教育中，變得更強大。當時那麼艱困的情況，都勇敢挺住了，業務這條路上，還有什麼需要害怕。保險養大的孩子，可不是被嚇大的。

尼采說：「凡殺不死我的，必使我更強大。」而我母親的名言是「反正不會死」，比尼采更強大（笑）。

保險養大的孩子

無聊的行政工作救了我

我成為社會新鮮人的第一份工作，是在我的母校天主教輔仁大學公關室任職，而後轉至數學系擔任秘書。當時也被廣告公司錄取，但是我的父親較為保守，希望我選一份穩定的工作，學校公關室自然是首選。這兩份職務都是內勤性質，雖然要處理的事務繁雜，卻相對可控，只要思慮周延、對細節與執行有耐心，很快就能駕輕就熟。可是我始終感覺某部分的自己被封印，內心對於新事物與新挑戰的渴望時常蠢蠢欲動。當時的我時常看著資深的前輩，想像自己未來的模樣，雖然敬佩他們在工作崗位，數十年如一日的踏實勤懇，但是不免會問自己：這是我想要的人生嗎？

尤其是在大學畢業幾年後，我看到昔日的同學們，各自在大眾媒體或行銷公關各個領域嶄露頭角，找到學習成長、發光發熱的舞台。不得不承認，別人眼中好穩定的工作，在我心中其實好無聊。雖然七年級世代被稱為「草莓族」，其實抗壓性非常強，而且比起上一個世代，更勇於追求自我實現。因此，我毅然決然遞出辭呈，不再每天待在辦公室裡跟著打卡鐘作息，而是選擇華麗轉身成為一名保險經紀人公司的業務員。（華麗是指每天都要打扮得很漂亮，踏出每一步都要自帶光芒，這是個人美學。）

我跟隨著母親進入保險產業，學習專業知識、累積實務經驗，當時從沒想到過會成為台灣最年輕的終身ＴＯＴ（Top of Table頂級百萬圓桌會員）。但是我必須要說，大部分人在理解ＴＯＴ時可能會想像：要攀登這座保險業界的聖母峰，必然是一年又一年的累積與推進，或許要經過數年的努力，從新手到資深業務、從ＭＤＲＴ的基本會員再進階到頂級會員，然而並不是。

實際上，我在二〇二三年八月入行將滿十五年，我成為保險業務員的第二年，就取得ＭＤＲＴ會員資格，並且每年持續達成這個目標，直到現在。然而，我沒有經歷大家所想像的過程，不表示我沒有煎熬過辛苦與挫折。時間煮雨、歲月縫花，而我常常覺得是客戶在煮我。幸運的是，我的工作狀態是倒吃甘蔗，起始雖然艱辛，但是咬緊牙關不放棄，困難愈嚼愈有勁，然後才能品嚐成果的甜美。

回想起這一段轉折，萬分感謝當時那份「無聊的行政工作」救了我。

若不是行政工作讓我更加了解自己的特質，當我面臨業務工作初期沒有底薪、也還看不見成績的時候，或許輕易就會放棄，轉而選擇更加安穩的道路，也就不會有今天的成就。在輔大公關室的日子，必須隨時為突發新聞待命、撰寫新聞稿，我開始習慣手機永不關機，不分上下班時間，隨時處於備戰狀態，這對我轉職保險業後，在服務客戶的心態上，有非常實質的幫助。

雖然我的母親是一名非常傑出的保險業務員，我卻從來沒有想過要進入保險業。我自知個性喜歡求新求變、不受拘束，大學選擇傳播科系；因為樂於分享，還曾經想當電視購物台的主持人。但是經過行政工作的歷練後，我更加確定適合自己的工作型態，不是安穩待在辦公室裡，而是不受時間與地點限制，可以激發熱情與鬥志、讓我想要挑戰更多不可能的畢生志業。

我曾經受邀擔任某人力銀行舉辦的職場講座主講人，演講主題是「醒醒吧，其實你是超級業務員！」當天參與的聽眾，幾乎都不是從事業務性質的工作，但是迴響與互動卻非常熱烈，令我印象深刻。確實一般人對於所謂「超級業務員」總有刻板印象，例如一定非常能言善道、社交手腕靈活或是人緣好、人脈廣。但是我希望透過自身經驗分享傳達的訊息是：只要你願意，你就可以成為超級業務員。

進入保險業與許多頂尖的業務交流之後，我更加確信這一點。他們具備不同的學識背景、個人特質與人生經驗，擁有屬於自己的行銷風格與脈絡。保險是不分性別年紀與社經地位皆有所需求的商品，只要有人身財產，就需要風險控管，因此各類型的保險業務員都可以找到與自身特質及頻率相對應的客戶，唯有專業與品德不可或缺。除此之外，真的沒有所謂「成為超業的條件」，每個人內在都有一個超級業務員，當你發自內心想要分享自己認同的好人、好事、好物，那份真實與誠摯本身就充滿說服力，並且打動人心。

光環與陰影

從小到大，我的所有學業成績與課外競賽，例如作文比賽、合唱團比賽等，我的父母親通常不過問細節、也不會陪我唸書或練習。他們只需要設定目標、檢討成果，我就會想辦法達到他們的期望。我剛進入保險業時，是從母親的助理做起。她的領導風格與教養方式無異，就是把我丟進各種工作情境，我就會使命必達。當時母親最常對我說的話就是：「我很忙，妳自己想辦法。」（其實現在最常說的也是這句。）

有很長一段時間，我心中充滿怨懟，認為她沒有教導業務技巧，就把手無寸鐵的我推上戰場。她交給我許多需要服務的客戶，但是從不說明客戶的背景、應該做什麼事情。我必須從蒐集工作所需的資訊開始，設法完成任務。因此我的工作技能，都是獨自摸索、培養出來的，包括服務流程與文件處理、客戶關係建立與維繫等。然而，不論我做得多好，周遭總是存在這樣的聲音——因為她媽媽是顏淑真。當然有人會真心讚美我的成功，但是也有人為了讓自己心裡好過一點，只要用一句話就輕易抹煞我的努力。

剛入行兩三年的時候，「顏淑真光環」對我來說，是很大的壓力，內心時常感到糾結和沮喪。反覆思考後，我認知這一點是不能改變的。我不再以超越顏淑真為目標，但是至少要對得起我自己，對得起客戶與這份工作。與此同時，我也重新檢視與母親在工作上的互動，以及她對我的影響。進而發現，陽光或許太耀眼令人無法直視，在閃耀奪目的強人光環之下，我奮力掙脫陰影，以至於我總是看不見那些「超業媽媽教我的事」。但是萬物都賴以生存，如同我也汲取著母親所供給的養分。例如自律與堅毅，不需要透過語言教導，她已經透過身教做了最好的示範。

母親的第一份壽險工作任職於新光人壽。因緣際會，她進入新光保全進行開發，因此發展出一套自己的職域開發技巧。「職域行銷」是指進入某一個職場領域，開發其中的成員，使其成為客戶。職域行銷的首要條件是被允許進出該職域場所，因此母親先與每一個新光保全的單位主管建立關係，確認可以進出後，她會在固定時間出現。帶著特別準備的專屬伴手禮前往，在不影響職域成員工作的情況下，伺機主動與員工攀談，這需要極大的勇氣和抗壓性。我剛入行時，與單位同事觀摩過母親的實地演練，試著模仿這個方式。但是實在難以適應對方冷漠的態度，或是敷衍打發的回應，因此打從心裡敬佩母親。過去我因為母親的成就感到驕傲，從事業務工作之後，她依然是我心中的標竿。

三十幾年來，她每天早上一定會先進辦公室，這是她在新光人壽工作時就養成的習慣；下班前無論在哪裡拜訪客戶，也一定會再回到辦公室，將當日的工作縝密收尾、確認待辦事項才離開。她到現在依然每週工作六天，而且每週都閱讀一本書；她維持運動的習慣，不是為了追求體態，而是保持體力。進入這個行業之前，我看見的母親總是光鮮亮麗，時常上台領獎、時常帶我出國旅行，但是我沒有看見母親辛苦的一面，或者說，我沒有看懂辛苦的地方。在銷售技巧上，我母親完全授權（放牛吃草），只有提醒及檢討成果，但是不干涉我的作法，讓我養成了我自己、長成了我自己。我就是林孟璇，我的工作模式與工作風格，沒有我母親的影子，除了自律與堅毅。

過去保險產業的經營，講求人際關係，業務員通常以人情關懷與人際連結的方式，維繫客戶關係。如今時空背景已不同以往，現在客戶更重視業務員的專業知識與服務的細膩度，人際關係只是加分。尤其是從傳統保險公司銷售單一商品的模式，轉換保險經紀人公司可以銷售各家保險公司的商品，我具備更靈活、學習速度更快的優勢。於是，我充實專業知識的同時也時常思考，母親有哪些特質與經驗是可以學習的，這些都是擴充功能，讓我的戰力配置持續最佳化。

「因為她媽媽是顏淑真。」現在我每一次聽見這句話，就再一次提醒自己：當我證明自己的實力，就可以無視這些雜音了。所以我更專注在工作，思考要達成什麼目標、完成哪些事情，才會有足夠的底氣讓說這句話的人閉嘴。每當我想偷懶的時候，就會想到這句話，奮力再前進一步，確認已經努力到最極致，才能說服自己已經盡了全力、無愧於心。

雖然現在還沒有辦法讓別人說「那是林孟璇的媽媽」，但是至少在業界，「林孟璇」出現了，而不再是「顏淑真的女兒」。最重要的是，我明白自己並不再抗拒母親的強人光環，因為我已經有能力跨出陰影了。

光環與陰影

承接孤兒保單的底氣

我連續第五年拿到TOT（Top of Table頂尖百萬圓桌會員）時，有媒體來採訪我，並以「接受孤兒保單，成就連五年TOT天后」作為文章標題。報導曝光之後，很多朋友與客戶第一次聽到這個名詞，可能是「孤兒」這兩個字看起來太弱勢、給人的衝擊太強烈，朋友與客戶紛紛來問我：什麼是孤兒保單？原來我也是孤兒保單的苦主？

「孤兒保單」是指保單原來的銷售業務員已經離職，保險公司沒有安排其他業務員接續服務，或是雖然有指定接續的業務員，但是業務員本身並未主動維繫客戶關係，以致此份保單如同孤兒沒有人管理及服務。實務上常見的情況是，很多客戶向剛進入保險業的親友購買保險，類似「應援」性質的人情保單。通常親友可能在兩三年左右就離職了，保單就成了沒人關心的孤兒。或者是原業務員還在職，但是客戶後續沒有再購買其他保險商品，也沒有保險相關需求，時間久了，業務員就不再持續主動關心客戶。還有一項造成孤兒保單的原因，是客觀環境條件的重大變化，例如二〇〇八年全球金融海嘯，許多外商保險公司陸續撤離台灣市場，客戶找不到業務員，連保險公司都更換了。

全球金融海嘯發生後，必須協助處理相關事宜。許多客戶的投資型保單受到衝擊而損失慘重，情緒當然都不會太好。那段時間裡，我取得各種客訴處理經驗值，不僅培養出強大的抗壓性與溝通力，同時也深刻體認，唯有讓客戶感受到真誠服務的心意，才有可能獲得客戶的認可與信任。雖然當時服務的都不是自己的客戶，但是我一直謹記我母親的提醒：永遠做好售前服務。

於是我開始主動詢問身邊朋友：「你知道怎麼聯絡你的保險業務員嗎？」「你的保險業務員平常有在提供服務嗎？」告訴他們如果需要服務，例如變更保單內容、辦理理賠等，我都可以協助處理，而且絕對不收任何費用。因為我發現真的有非常多人購買保單之後，其實業務員幾乎沒有主動提供後續的服務。換句話說，我身邊有非常多的孤兒保單，等於非常多提供售前服務的機會，只要主動找出這些潛在客戶。前期我投入了非常多時間成本在服務孤兒保單客戶，但是這些付出並不會直接轉換為業績。需要投注比較多的心力，又不一定有相對的回報，對於短期需要效益的新進業務員來說，通常不會選擇孤兒保單作為開發的切入點，因此是較少競爭者的目標族群。

孤兒保單的客戶在面對陌生業務員時，態度都不會太和善。畢竟當我有機會接觸到他們，通常是要辦理理賠，或是很長一段時間沒有被關心，難免有埋怨或不滿，這是完全可以理解的。我只需要做好心理建設，帶著勇敢積極的態度去處理，而不需要特殊的銷售技巧。因為他們確實是有需求的，當我去拜訪時，客戶不會拒絕與我對話，甚至可以聽見他們真實的聲音。

辦理理賠的孤兒保單客戶，通常是有體況的，不容易在短時間內再購買新的保單。因此我不是為了追求業績，而是努力展現專業與提供優質服務令對方滿意，願意介紹親友讓我服務，未來就有機會成為潛在客戶。在服務客戶的過程中，我有多努力、多辛苦，客戶就對我有多信任，這才是最重要的意義與收穫。

透過服務孤兒保單的客戶，我在短時間內累積了大量的理賠經驗，從提供服務開始與許多人建立更深一層的關係。除此之外，若有新成交的客戶，我會告知客戶，先前跟其他業務員購買的保單，我都會提供服務，可以放心一併交給我，節省他們需要聯繫各家業務員的時間成本；我也會主動檢視客戶所有的保單，並整理一份清單讓客戶留存。

「總有一天等到你」就是我經營潛在客戶的堅持與自信。

我的朋友與同學雖然很早就知道我在保險業，很多人卻是在生了孩子之後，才向我購買第一份保單。但是我主動提供服務之初，就做好長期抗戰的準備：我願意等，而且我有信心會比其他業務員做得更久。我一定會告訴朋友：「你們先不用跟我買保單，但是你們手上的保單我都會幫忙整理，只要有需要，我就會為你們服務，而且這份工作我會做一輩子，不用擔心我會離開。」為什麼會有孤兒保單的存在，不就說明了很多業務員是抱著「試試看」的心情進入這個產業嗎？這些來試試看的業務員可能待個兩年就會離開，而我的底氣是「我不會走」。

我不是接班人，而是接棒者

每當談及我的工作歷程與成就時，無論是他人或是我自己，一定會談到我的母親。我的母親顏淑真女士擁有近四十年的資深保險業經歷，在我初踏入保險業時，我的職務是磐石保險經紀人公司業務副總經理的助理，但是多數客戶對我的認識與第一印象，通常是「顏副總的女兒」。

身為一名保險業務員，讓自己的名字被客戶記得是一件最基本而又重要的事情。因為有記憶點就是產生連結的開端。然而要做到這一點，對我來說，卻是十分矛盾的。同行與客戶很容易記得我，因為我是「顏淑真的女兒」，或是另有一個更直白的註記標籤「保二代」，認為我是顏淑真的接班人，但是「林孟璇」卻總是被忽略。

從行政工作進入保險產業，對我來說，是自我探索的結論與職涯發展的個人選擇。但是因為母親在業界已非常資深且具有成就，使得這個選擇在外界看起來，更像是理所當然的傳承與安排。我必須誠實地說，雖然我看著母親專注於工作的樣子長大，但是直到二十五歲之前，我從來沒有想過會追隨她進入保險業。我也沒有想過會有這麼一天，我不再只是注視母親披荊斬棘、勇往直前的背影；而是站在她的身旁，成為她的部屬與團隊，學習她的專業與果決，努力追上她的步伐與成就。

我所看見的「顏副總」性格堅韌、身段柔軟，待人處事皆自律甚嚴，對於工作充滿企圖心與熱忱，這些特質都深深影響著我。而她同時兼具母親與主管的雙重身份，對我的期許與要求不僅沒有雙重標準，恐怕還因此相互加乘，各種督促與鞭策全面啟動，從來不需要切換模式。她是我的人生與事業的引路人、導師以及教練。

或許在別人眼中，身為「顏副總的女兒」就是命定的接班人，坐享各項資源、仰賴先天的優勢輕易取得成功。實際上，我所承接的卻是不容許失敗的期望。這份期望不只來自顏副總與我母親，還有身為「顏副總的女兒」的自己。作為女兒的林孟璇，確實是在母親的豐厚羽翼保護下茁壯成長；但是作為保險顧問的林孟璇，卻是在顏副總的嚴格鞭策下學會展翅飛翔。

因此，我深刻理解她對於每一位客戶、每一個夥伴以及每一張保單有多重視；也深刻體認到身為保險顧問，背負著為客戶提前設想規劃、協助他們為自己與所愛的人預備穩定保障的義務與責任。保險與理財服務是長期且具延續性的需求，所以，我不是接班人，我是接棒者。我接下的是專業、責任以及使命，盡我所能繼續守護對於客戶的承諾與傳承這份核心價值。

回顧進入保險產業的這十五年來，我從新手業務員的階段，向客戶自我介紹「我是磐石保經顏副總的助理林孟璇」，直到這句話終於成為「我是磐石保經執行長林孟璇」，達成自己所設立的目標，也實踐對客戶的承諾，我有自己的理想與信念，並且依然戰戰兢兢地在持續努力、追求卓越。我不再受限於母親的光環與陰影，也不再拘泥於「保二代」的標籤與眼光。甚至，現在的我會理直氣壯的說：「我是磐石保經業務副總經理顏淑真的女兒，我以此為榮；我是林孟璇，連續十年達成頂尖百萬圓桌會員的保險業務員，我為自己勇敢接棒、奮力為客戶奔跑而感到自豪。」

第三章

拆解超業技能

淬鍊

超級業務員必須具備的技能有哪些？答案因人而異。但是我認為所謂的技能或是心法，其實往往是業務員的基本功課。找出驅動力、自律、人物設定，調整心態為符合工作所需的設定，永遠是第一步。服務客戶必須重視細節、堅守原則，不要害怕犯錯、失敗與被拒絕，所有經驗都是學習與磨練。並不是走過的路不會白費，沒有檢討與改進絕對是浪費。最重要的是，耐得住等待與煎熬，過程或許漫長，但是禁得起淬鍊，才能展露鋒芒。

找出驅動力

我認為業務工作的迷人之處在於，它是一份收入沒有天花板的工作。只要肯努力，一定會有相對的成果。對業務員來說，找到讓自己心甘情願努力的動機與動力非常重要。因為有惰性、怕失敗是人類的天性，我也不例外。如果沒有找出可以驅動自己的方式，很容易就會停滯或放棄。我觀察優秀業務員通常都有驅動自己的方法，例如有人在乎生活品質，高報酬是他的驅動力；有人享受成就感，上台領獎、接受喝采是他的驅動力。我給新手業務員的第一項建議，就是找出自己的驅動力所在。

從小我就是一個不服輸的人，只要進入競賽的情境，鬥志就會被點燃。求學時期，除了課業的成績排名，運動項目如籃球、跑步、排球等，我都是班上的主將，甚至加入巧固球與壘球校隊。只要設定目標、有競爭對手，我就會全力以赴。更重要的是，這些體育競賽讓我學習怎麼面對失敗的挫折感，練習放下得失心、迅速調適心情，從每一場即使是輸掉的比賽中，也要贏得經驗與教訓，學會無論比賽結果如何，都能夠保持勇氣與信心，繼續挑戰。

業務工作的目標是非常具體而具有時效性的，每週、每月累積出每年的業績數字。無論上個月業績多麼輝煌耀眼，這個月又是從零開始，每一天都必須戰戰兢兢。為了使業務員保持狀態，公司一定會訂立各種目標，激勵所有業務員不斷前進。但是在成長過程中經歷大大小小的「戰役」之後，我對自己有深刻的了解，別人給我的期待是壓力，自己設定的目標，更有動力去達成。換句話說，我了解自己怎麼樣被驅動。

我不要被動地達成公司訂定的目標，我要主動創造屬於自己的競賽。

前幾年，有很多好商品陸續出現停賣潮，客戶詢問度很高，例如保費相對便宜、保障相對高的醫療險以及預定利率高的儲蓄險。於是我找了一位跟我同期進公司的同事，約定在那個月競賽成交件數。我知道只要在那段期間努力，一定會有不錯的成果，就看我願意投入多少時間以及拚命到什麼程度。因為客戶的需求確實存在，而且商品即將停賣而使需求變得更迫切。於是我主動發起了一場競賽，我知道這樣可以驅動自己將潛力與決心發揮到極致。那個月我們兩個人都達成了單月成交超過四十件的成績，等同一個月內完成百分之四十ＭＤＲＴ的業績。

保險業界公認指標性的里程碑，就是取得ＭＤＲＴ（Million Dollar Round Table，百萬圓桌）的會員資格，其被視為人壽保險銷售與服務的最高標準。所以我一開始設定的目標當然是ＭＤＲＴ。我的心情並不是「希望有一天可以達到」，而是非常明確的「我要拿到」。這不是公司設定的業績目標或任何人對我的期待，而是我主動創造的競賽，也是驅動我前進的最強烈動機。

我在入行第四年達成ＭＤＲＴ所需年度業績金額的六倍，取得第一次ＴＯＴ（頂級百萬圓桌會員資格）。從那時候開始，我目標已經調整為在最短時間內達成十次ＴＯＴ，以獲得終身ＴＯＴ的資格。我認為只要成為頂尖的業務員，在專業與銷售能力上被認可，我就可以做其他想做的事，招募人才、培訓新人、進修單位管理的專業，嘗試更多新的行銷方式。即使連續達成十次，都要十年的時間；如果不是每年連續達成，那距離達成目標的路程就更漫長，而我不想浪費任何時間。

為了達成ＴＯＴ的高額業績目標，需要高額保費的保單，因此很多業務員會刻意經營特定的客群。但是，我選擇的方式是盡可能拉高總件數，不挑客戶、不挑商品。雖然很難只憑大量件數達成ＴＯＴ所需業績金額，但是件數代表的是客戶的數量，它是決定我在這個產業裡是否能走得夠遠、夠長久的關鍵。只要我的服務受到客戶認可、建立口碑，原有客戶會再介紹新客戶給我，前期努力累積的客戶數量，都是我最重要的資產，也是潛在客戶的來源。

除了設定目標激發不服輸的潛力之外，我也會設定獎勵來驅動自己。通常我會允許自己買一項高單價的精品。一旦達成目標，就可以為線上購物車裡的某樣商品結帳。而我購買的物品都與工作相關，公事包、筆記本、鋼筆等，也有搭配的飾品，如耳環、胸針。

這些美麗的物件會陪我拜訪客戶，畢竟，美的東西若沒有人欣賞該有多可惜。

另外，我也利用欽羨的心態激勵自己，看到比自己更優秀的人時，我會觀察對方值得學習的特點，在能力範圍內盡量的增加該項能力，或是至少告訴自己要更加努力。沒有憑空得來的成功，這些優秀的人有多光鮮亮麗，就吃了多少普通人吃不了的苦。我絕對不是吃最多苦的那個人，在成功的道路上，從來都不寂寞。

隨著從業時間愈來愈長，我的客戶愈來愈多，對我來說，業績數字已經不再只是數字或成就感，因為每一份簽約保單都是全心全意的信任與託付。我發現驅動自己繼續努力前進、遇到挫折不會沮喪太久的原因，是我對於客戶的責任感。尤其是與客戶建立起真實的連結，跟他們一起走過人生不同階段，當他們把我推薦給在乎的人，無論是親人或是朋友，信任我有能力為這些重要的人服務。對我來說，ＴＯＴ不是保險業界的聖母峰，這份肯定才是，而我很幸運一直在攻頂，也不斷儲備實力、培養耐力，因為這份驅動力永遠不會消失，我的引擎也永遠不會熄火。

找出驅動力

有多自律就有多自由

通常對業務工作有憧憬的人，都是嚮往時間自由與財富自由。成為保險業務員的客觀限制很少、工作型態的自由度很高，而且收入沒有上限，可以創造多大的財富，完全取決於個人的意志與實力。但是台灣的保險從業人員有將近三十八萬人，每年台灣獲得TOT的業務員人數只有數十人。雖然我最初不是基於這個動機成為保險業務員，但是確實在三十五歲之前就達到時間自由與財富自由，對於人生的各種決策擁有更多選擇，而「可以選擇」本質上就是一種自由。

從新手業務員到終身TOT，我最大的體認是「有多自律就有多自由」。自律不只是一種意志力的體現，而是從內在啟動的自我約束與自我管理。只要是上班日，我絕對不會在家裡無所事事，無論當天有沒有行程，一定在清晨六點半起床梳洗，然後出門，進辦公室或找一家喜歡的咖啡館工作。很多人覺得自己意志力薄弱，減肥永遠明天開始，運動常常只維持幾天，年度計劃在第一季就半途而廢。因為惰性是天性，不願意離開舒適圈是人之常情。與其一開始就訂定高遠的目標，我更傾向將目標分割成可執行的細項，落實在每天的工作日程。

我習慣提前安排下週的工作行程，通常一定有公司會議、教育訓練以及客戶服務，只要行事曆上還有空的時段，我就會積極邀約客戶，向新認識的朋友自我介紹、建立關係，或是聯繫原有客戶維護關係，而不是被動等待時間被填滿。初期除了拜訪客戶，個人進修也非常重要。了解產業趨勢、各家保險公司新推出的商品資訊，學習如何進行保單檢視、客戶需求分析整理，與客戶溝通的復盤與演練等。對新手業務員來說，每月業績達成目標是最直接的壓力，所以常把重心放在開發客戶，捨棄提升專業的機會。我認為長遠來看，這兩者不可偏廢。

「自律」最困難的是，即使尚未看見成效，仍持續去做。例如每一次拜訪客戶，一定要先付出時間成本、交通成本，還有溝通成本。但是這些投入的服務成本，不會立即獲得回饋。一般的工作，員工只要在上班時間完成工作，就會有薪資。每一張成交的保單，都是縝密日持續投入心力的成果。無論付出多少，都不能保證客戶一定會簽約，還是必須持續去做。要不要做、做到什麼程度，都是業務員的自由，也是自律的展現。很多人以百萬年薪、MDRT為目標，行動與目標之間的連結卻是斷裂的。

有些業務員把行程排滿，卻忽略每次都必須有所推進。第一次拜訪客戶自我介紹、建立關係，第二次應該要完成保單檢視，第三次則是提出規劃建議，或是透過客戶再取得其他可開發的名單。當行事曆有空檔，我一定會找出可以邀約的人選，設定要完成的進度，而不是每次見面都在自我介紹，否則就是行動與目標相違背。要求自己一定要邀約客戶，是自我約束；要求每次都要有新進度，就是自我管理，管理每一次行動的品質與目標。

這份工作很自由，沒有上下班時間的規定，不用每天進辦公室，也沒有老闆或主管在旁時時監督進度，唯有嚴格自律才能掌控所有自由的彈性，創造出更大的效益。但是我看到很多業務員，反而在自由裡迷失了方向，或是因為沒有外在的推力而停滯不前。有些人告訴我，比較重視生活平衡、沒有那麼大的經濟壓力，不想對自己太嚴格、不想給自己太大壓力。這些是個人價值的取捨，我沒有任何意見。但是如果以此作為不自律的藉口，將與目標背道而馳。

磐石保經設有一項內部競賽，鼓勵業務員每月至少達成五萬元的業績金額。我已經連續超過一百個月達成目標，是五萬業績的紀錄保持人。五萬元的業績金額並不高，重點在於「連續達成目標」。這項競賽的精神就是激勵業務員自律，即使當月業績亮眼，也不要因此懈怠。業績容易大起大落的短跑型業務員，擅長在短時間內奮力衝刺業績；但是穩定保持水準的長跑型業務員，通常更具有長遠發展的耐力與實力。缺乏自律能力的人，可以試著找出類似五萬業績紀錄保持的正向制約，透過獲得讚賞、獎勵或滿足感，維持繼續前進的動力。

如何判斷自己是否在通往目標的道路上，最簡單的方式就是感受現狀是否舒適。學習新事物、面對新挑戰不可能輕鬆，感受到壓力與疲憊都是合理存在的，透過這些不舒適，得以確認自己正在跨越舒適圈。翻開行事曆發現下週有很多空的時段，或是最近工作很輕鬆，對我來說就是警訊，表示必須重新檢視工作狀態。當然，我擁有絕對的自由調整排程，甚至隨時安排一段時間出國度假。但是我認為頂尖的業務員會事先做好規劃與相對的準備，而不是直接空白；或是在短時間內把自己逼到極限之後，再用一段時間完全放空去恢復。

「習慣養成需要二十一天」的說法，重點不在於天數，而是不半途而廢。自律就是透過各種手段，每天持續不斷地落實工作細項，自然而然的達成目標。因此，當我有多自律，我就有多自由，這份自由是擁有選擇，無論是時間或是財富。

有多自律就有多自由

完整人物設定

在開始所有的服務與銷售之前，我認為最重要的事情是建立完整的「人物設定」。人物設定可分為外部特質與內部特質。外部特質例如衣著、說話方式及語調、聲音與表情、興趣、學歷背景等，客戶可以在第一時間得知或觀察到的特質；內部特質例如個性、喜好與價值觀等。業務員將自己的人物設定建立完整，首次面談時，無論與客戶是否熟識，都會相對順利。

我們可以從「個人形象」來理解什麼是人物設定，常見的個人公關照拍攝，其實就是一種建立人物設定的基本方式。藉由服裝的設計與質感、拍照姿勢的肢體語言，塑造專業、自信的形象，這就是人物設定的一部分。但是我想談的人物設定更全面而具體，而且在我實際與客戶接觸之前，就已經讓客戶透過我的人物設定，彷彿早已認識我、對我有熟悉感甚至信任感。

剛入行的時候，我為人物設定做的第一件事情，就是發送訊息給通訊軟體上所有的聯絡人，說明我開始從事保險業務員的工作。當時還是MSN的時代，我誠懇而天真的「登登登」轟炸所有人一輪，想從認識的人尋求業務開發機會，但是完全沒有效益，反而引起對方的防備心，後來我就不再主動以任何方式提起自己從事保險業。對客戶來說，業務員就是一個陌生人，直接與客戶討論關乎個人隱私的保險需求，非常容易造成對方的壓力。

我建立完整人物設定的工具與場域，主要是臉書。進入保險業初期，我就認真經營個人臉書，盡量將已經認識跟想要認識的人加為好友，但是幾乎不會主動發送訊息打擾他們，更不會發布商品資訊。有些業務員常分享保險理財相關的報導文章，這部分我也盡量避免。對我來說，臉書就是虛擬世界裡真實的我，不是廣告投放頻道。如實呈現我的喜好、我的心情、我的生活，當然也包括我的工作。我分享拜訪客戶的地點，對於工作的想法與熱情，不談工作的細節，而是工作的狀態。如果客戶想要與我聯絡，輕易就可以透過臉書找到我。

人物設定愈豐富，個人形象就愈立體，存在感就愈真實且強烈。我的臉書所有資訊都是公開的，任何人都可以知道我是誰、我在做什麼工作，以及我的工作態度、工作表現。我不只是一名保險業務員，我重視私人生活，也熱愛工作，我是一個善良、真誠的人，我有靈魂。直到現在依然持續在做這件事情，我的人物設定非常完整，而且禁得起時間的驗證。如果客戶已經關注我一段時間，產生熟悉感或信任感，後續不用花太多時間自我介紹，就可以進入正題，使溝通變得更為順暢。

除了讓潛在客戶認識我、熟悉我，我也透過臉書持續對多人或不同族群進行溝通，把布局的時間軸拉得更長遠。一般業務開發要求的是時間短、速度快、有效果，臉書需要時間醞釀，讓我的人物設定呈現得更完整，而不是積極用來開發客戶。雖然與銷售業績之間並沒有正相關，但是有助於與潛在客戶建立初步的連結，我知道他們近況以及人生狀態，在對方有需求的時候，再主動提出解決方案，而不是為銷售過於主動地創造需求，因為不是每個人都適合創造需求的銷售模式。例如我看到朋友結婚的消息，會主動聯絡對方，詢問是否需要重新檢視保單，因為家庭責任改變，保障也需要調整。我一定先明確說明目的，如果對方有意願了解更多，再邀約見面，不會讓對方有所疑慮。

雖然這個方式需要長時間經營，但是可以取得一個被認真看待的機會。我常聽到業務員擔心從認識的人開發，可能會破壞彼此關係。因此寧可花更多心力陌生開發，也不願意接觸緣故（已經認識的人）。但是我認為，只要抱持正確心態、展現專業，緣故反而是最需要優先照顧的一群人。如果連自己在乎的親朋好友都忽略，當風險發生時，眼睜睜面對他們承受損失，我們要如何自處？

對新進業務員來說，最大的痛點是不知道去哪裡找出潛在客戶，往往主動出擊後，因為遭受拒絕而萌生挫折感。我通常會建議他們，先好好思考自己的人物設定，盡可能的呈現出來。有些人物設定可以改變或調整，例如衣著與說話方式，但是絕大部分必須與真實的自己一致，而不是以偽裝的方式去欺騙客戶，缺乏真實性的人物設定遲早會崩壞。我非常鼓勵新進業務員在工作之餘，培養興趣或嗜好，而且一定要花時間真正的投入，去上課或是加入同好社團。這些都會使人物設定更豐富，讓個人形象更具體且有記憶點。

在與客戶互動時，這些興趣嗜好也是很好的談話主題，自然的拉近彼此距離。

前提是要去做真心喜歡的事物，而不是以銷售為考量。因為真心喜歡的事物才會有熱情，更容易把這件事情做好。如果真的沒有特別的興趣或喜好，就選擅長的事情持續精進。這些都是接觸潛在客戶的機會。例如有些人對於電競、重機或是烹飪、花藝有興趣，加入相關的社團（無論是網路或實體聚會）之後，就有機會認識更多人，而且是具有共通話題的人。從社團拓展人際圈，讓新朋友成為潛在客戶，他們會從人物設定發現你從事保險業，發現你很積極熱情，而且你非常專業。這些潛在客戶本來就有需求，差異只在於跟誰買。養寵物的人對於動物醫療花費特別有感；騎重機的人可能會擔心車子維修或交通意外，此時長久建立的人物設定就有機會發揮影響力，甚至吸引潛在客戶主動詢問。

我的單位裡有位同事非常熱衷改造車子。他用十萬元買了一輛電動機車，將其改造出二十萬的價值，我們常開玩笑說他是「改車界的王」，他就是意見領袖。很多社團成員成為客戶，都不是他主動開發的，而是透過平時討論改車的互動與交流，建立起人物設定，並獲得潛在客戶的信任。有些積極經營高資產客戶的業務員，會特別去學習打高爾夫球、品酒或是珠寶鑑定，都是相同的邏輯。

我曾經在臉書分享購買hello kitty公仔的動態，進而認識一個素未謀面的臉書友，再進一步成功為其規劃醫療險和孩子的教育基金。也曾經試過自製ＤＭ，隨機夾在路邊車輛的雨刷，後續順利成交了車險，再進一步完成了該客戶全家的規劃。我不認為業務員一定要為了培養客戶而刻意進入某些社交圈，我想強調的是，想要找到潛在客戶，其實有很多管道，第一步就是先找出自己的喜好與興趣，盡可能豐富人物設定，一定有機會接觸到潛在客戶。況且在網路世界無遠弗屆的現代社會，完全不受時間與空間限制，充滿無限可能與機會。

為客戶減壓

我在邀約客戶見面之前，一定會開門見山說明談話目的。除了我認為誠實是雙方建立關係非常重要的基礎之外，主要是幫客戶減輕在溝通過程的壓力。例如當我知道對方剛生完小孩，可能在考慮購買孩子的醫療險，我會主動告訴對方：「我會提供一份建議書，如果你手上有其他保險公司的規劃，可以一起比較看看，選出最符合需求的，沒有跟我買也完全沒有問題，你不用有壓力，買到適合的保險最重要。」這就是在為對方減輕壓力。後續我再提出邀約，會明確告知這次見面是為了說明我提出的規劃。假使對方拒絕或沒有回覆，我一定會詢問原因。當客戶確實有需求，通常不會拒絕。即使被客戶拒絕也是很平常的事，不需要因此感覺受挫，但是一定要知道客戶的想法。

為什麼在客戶確實有購買需求的情況下，還要為客戶減壓呢？因為現在的人每天有太多被推銷的機會了，透過電話、網路、人際網絡，鋪天蓋地而來，令人應接不暇，還有不實的虛假資訊、詐騙混跡其中。所以一般人對於廣告與行銷的抗性相對於過去是更高的，也比較難卸下心防。無論保險業務員有多麼親切誠懇或是熟識，一般人還是會處於緊張防備的狀態，誰說熟人就不會欺騙自己呢？業務員會不會因為想成交而推薦我不需要的東西呢？這其實就是一種心理壓力。因此，「為客戶減壓」在我與客戶互動的每一個環節都會持續進行，讓對方處於自在、放鬆的狀態，放心表達需求、討論規劃並做出最適當的決策。

對於彼此熟識的潛在客戶，例如同學、朋友、家族親戚，這些對象我們稱為「緣故」，就是本來就已經認識的人。當我的人物設定建立完整、也確實發揮影響之後，這些人都有可能成為客戶。他們對我已經很熟悉、具有信任感，因為我們之間有著「人情」的連結，而他們的壓力亦是來自於此。早期的保險業務員通常會從自己原有的人際網絡開發客戶，但是過度強調「關係」對客戶來說反而是一種人情包袱。面對這類客戶，我傾向在一開始就表明，今天我們的見面與談話，就是聚焦保單規劃，我此刻的身分是一名專業的保險業務員，他們是我的客戶，可以放心提問、有所質疑，若不滿意可以直接拒絕，完全不需要考慮人情，即使我們沒有達成共識，沒有建立合作關係，也絕不傷感情。

把熟識的朋友視為陌生客戶進行溝通的模式，稱為「緣故陌生化」。這也是為客戶減壓，減低的是人情壓力。這個模式是從自己人生經驗摸索出來的。我看過很多業務員用「要不要見個面聊聊？」、「要不要吃個飯、喝咖啡？」開口邀約客戶，也遇過各式各樣的人用這樣的方式邀約我。這種不說明目的的邀約令人困擾，既然我不喜歡別人這麼做，我當然不會對客戶這樣做，這也是我的業務守則。業務員要銷售商品，只要目的明確、提供的資訊清楚透明，客戶就可以在第一時間決定要不要接受，我認為這樣更有效率，讓工作歸於工作，彼此都沒有不必要的壓力。

我把每一個客戶都視為朋友，所以在工作時就會啟動「緣故陌生化」的模式。談公事的時候，我的狀態就是專業的保險業務員。當公事討論完，客戶把我的建議書收起來，我會切換回朋友的身分。內建狀態轉換的機制，這點很重要。必須要讓客戶感受到我的專業，工作的時候是一名專業的保險業務員，為了服務客戶而存在。如果我的服務有缺失，客戶可以表達不滿或質疑，而不需要顧慮我們之間的情分。但凡可以被解決的事情，客戶不滿意我就會道歉，因為在工作上我確實沒有達成客戶的要求，不會因為是熟識的友人，就有所輕忽或期待對方一定要包容體諒。

要做到這點並不容易，在人物設定就要建立「公私分明」的內部特質。我有很多關係親近的好朋友，同時也是我的客戶，這兩種關係都是非常長久的，所以我更謹慎以待。很多業務員從緣故開發客戶容易失敗，是因為客戶對於熟人容易產生人情上的壓力，所以乾脆直接避免建立買賣的關係；或者是不好意思說出實際的考量，反而使業務的服務與規劃難以符合客戶的實際需求。無論是緣故陌生化或是模式切換，都是在為客戶減壓。我要讓客戶知道，不需要有人情的壓力。如果我的服務或專業不到位，他們可以直接提出來，不會影響我們之間的關係，反而有助於改善我的服務品質，對彼此來說其實是雙贏。

但是也有必須給客戶壓力的時候。

我看過其他業務員使用比較激烈的方法，例如恐懼行銷，以負面的理賠經驗使客戶心生恐懼，甚至要求客戶簽下切結書，同意未來發生事情時，絕對不會責怪業務員規劃太少等，諸如此類的案例。我當然不建議使用這樣的方法，但是，在規劃額度這件事的討論上，確實需要舉出很多實務案例，目的是為了讓客戶適時跳脫個人的認知，加入業務員的經驗作為評判依據。因此，在這個過程，我的態度會較為嚴肅，利用情緒的轉折，稍微施加壓力。我的經驗是，從來沒有在理賠發生時，被客戶抱怨賠得太多，但是卻常常遇到客戶的損失風險已經完全被分散的狀況下，客戶還懊惱當初額度規劃得不夠高。

為客戶減壓

不挑客戶、不賣人情保單

我從事保險業至今超過十五年，無論是新手業務開發客戶的時期，或是已經連續達成十次ＴＯＴ的現在，不變的原則是：不挑客戶、不挑商品、不賣人情保單。有些業務員的行銷策略是只經營高資產客戶，刻意過濾部分客群，例如過度在意服務細節、比較容易情緒化，或是購買的商品保費不高，但是需要服務的機會極高的一般客戶。

有業務員只銷售儲蓄險，因為不需要額外的服務，最常見的服務是修改要保人個人資訊、扣款方式等，但是醫療險卻必須時常為客戶辦理理賠。剛入行的前五年，為了累積客戶量與經驗值，無論哪一種類型的客戶我都極力爭取。隨著客戶量愈來愈龐大以及穩定，我曾經思考是否要鎖定某些客群或商品。但是，為了效益的考量而篩選客戶，實在違背我對這份工作的信念，最終還是捨棄了這個想法。

我的理想是負責每一個客戶所有的保單規劃，確實掌握客戶的所有需求，並且提出周全的建議。不是針對客戶人生的某一個部分，而是全部。我不允許自己只銷售財務型商品給客戶，因為我非常確定他的人生除了財務，同時存在著其他面向的風險。我不能眼睜睜看著客戶暴露在可預期的風險之中，而我卻沒有盡力做任何事情、沒有極力爭取服務他的機會。一來是一旦有其他業務員更積極，未來他可能會成為別人的客戶；二來是若客戶沒有找其他的業務員，當風險發生時他毫無保障，我會認為這是我的失職而懊悔自責。

於是我做好心理準備，我的工時將會非常的長，因為每一位客戶、無論保單金額高低，我都是一樣認真服務。除了不挑客戶、不挑商品，我也從來不銷售人情保單。

所謂的人情保單，是指業務員向認識的人以半推銷、半請託的方式，說服對方購買保險商品。我相信很多人都有類似的經驗，身邊的親戚、高中同學或是當兵同梯、朋友的家人剛進入保險業，主動來「拉」保險，強調「這張保單投資報酬率高」、「好商品快要停賣」，再加上「我剛好缺一張業績就達標」、「對你有保障，也給我一個機會」，於是就「被拜託」買了自己都不清楚內容的保單。

因為基於人情，客戶會傾向採取開放式的信任，可能帶來的風險是對於商品內容的了解不深，也因為購買不是以真實需求出發，所以客戶主動提供的資訊也會相對少。在未做好全面需求分析、評估客戶真實風險的狀態下提供商品建議，未來客戶遭遇風險時，保障不足或是未全面規劃的機率也會相對高。屆時業務員損失了客戶的信任，最受傷的還是客戶，不僅要獨自承擔風險，更有可能生病了才發現規劃不足或錯誤，在已經有體況的狀態下，成為保險公司終身拒保戶。

我跟客戶第一次見面，就會盡全力讓對方知道，一名保險業務員的價值是什麼。我可以同理他的想法、評估他可能遭遇的風險，並提出對他最有利且適切的建議。我具備專業知識與實務經驗，設身處地為他進行長遠而全面的規劃。我深知保險存在的意義以及我提供服務與資源是有價值的。因此有絕對的自信，我做的事情是正確的，並且對客戶的福祉有益。既然這是對客戶的人生確實有好處的事情，為什麼我要「拜託」對方呢？更遑論為了達成業績而請託，絲毫沒有專業可言。

剛認識的人聽到我的職業，常常都會有一個結論：你業績一定很好。詢問理由，最常聽到的回答，是認為我的外型亮眼，從事業務工作一定加分。雖然對方本意可能是讚美，但是我非常不服氣。實際的情況是，亮眼的外型反而是阻力，容易被貼上「有優勢就不會努力」的刻板印象標籤。

對於第一次見面的客戶來說，反而需要花一些時間才能卸下心防，進而建立信任感。也正是因為如此，使用人情的銷售模式，在我身上非但不可行，還可能帶來其他副作用。所以我非常擅長轉換角色狀態，在處理公事的時候，我的人設除了專業和同理，不會放進過多不需要的個人特質。結束工作狀態，我才會展現私領域的自我。

即使面對熟識的對象，我會主動開口，一定是我確定對方有需求。當我切換至工作模式就會清楚表明：你只要參考我的專業，不用考慮我們的情誼。公私分明，是我的工作態度，也是我的人物設定。如果我的表現不夠專業，使你有所疑慮，你可以直接拒絕，完全不需要有人情壓力。談公事的時候，客戶不需要把我當朋友，因為我對自己的專業非常有自信，可以就事論事，而不必涉及私人關係。

不挑客戶不賣人情保單

解鎖特殊客戶

無論業務員擁有客戶數量多寡，一定會遇到比較不容易服務的客戶，通常具有以下特質：重視事物細節或個人感受、需求較多或標準較高、追求精確與邏輯、敏感或情緒化；還有另一種情況是，自己或身邊親友曾有過不愉快的經驗，例如保險糾紛、理賠預期落差、被欺騙或不合理的對待。他們的共通點是容易溝通不良以及情緒不佳，是業務最害怕遇到的客戶類型，我稱為「特殊客戶」。

很多人認為特殊客戶就是「奧客」，常常提出尖銳或複雜的問題、不合乎常理的要求，態度通常不太友善。溝通必須格外謹慎，注意各種細節與情緒，甚至處理情緒要優先於處理公事，通常需要耗費比較多時間成本與心力成本。很多業務員考量效益與個人感受之後，往往會刻意避開。但是，若問我哪一種類型的客戶值得特別用心經營？我的答案不是高資產客戶，反而是特殊客戶。

我有一個客戶，父親是上市公司董事，因家中經濟無虞，四十歲左右即退休，平時專注於保險商品研究，例如保價金計算等。他購買的每一張保單都是自己計算保費後，聯絡我準備要保書去簽約。看起來每一筆都是輕鬆成交，但是我清楚知道，他比一般客戶更在意業務員提供的服務。當他打電話來詢問：「為什麼今年保單價值準備金比去年少兩元？」我就會立刻與保險公司的精算部確認，計算日期、公式都要一清二楚。一般客戶不會在意、甚至不會發現「少兩元」，即使我很想直接給他兩百元，但是不可以，因為他在乎的是原因，我就要設法找出答案。

平常我們以電子郵件往來，只要收到他的信件，我一定立刻處理。他習慣親筆填寫要保書的所有欄位，我會在旁陪同，說明每一個欄位所需資訊的理由為何。他抱怨保險公司的系統使用介面不夠友善，我就直接聯絡保險公司的資訊部，再向他說明此家保險公司的線上系統確實有問題，且短時間內無法解決，但是可以先透過其他人工的方式替他處理。然後我們會一起罵這家保險公司，把這家保險公司列入黑名單。

第一張金額約一百萬的保單成交之後，他把七、八千萬的資產都交給我規劃。其實像這樣仔細做功課的客戶，業務員是誰差異不大。但是他在乎的每一件小事，我都認真看待；任何一個小細節，我跟他一樣在意，這就是非我不可的理由。有些業務員不是沒有耐心，而是缺乏同理心，只想要息事寧人，其實客戶分辨得出對方是真的在乎，還是敷衍了事。

特殊客戶通常主觀意識比較強烈、更相信自己的判斷，當業務員的言行舉止與他的認知有落差，就會被認為不夠專業、不真誠。根據我的觀察，客戶的反應一定有脈絡可循。可能是個人特質天生如此，或是過去經驗的制約，非刻意嚴苛挑剔。每個人本來就有看待事物的角度與邏輯，而他們特別與眾不同。如果我不理解客戶的邏輯與在意的重點，就會覺得他的要求不合理，或是以為他刻意刁難。客戶感覺自己被誤解、被忽視，當然不可能心情平靜、態度親切。只要業務員的服務確實滿足期待，他們其實是非常優質的客戶。

另一個客戶在私立貴族學校擔任行政工作，購買非常多保單，也買過高預定利率的儲蓄險，真實看到保險商品帶來的價值，是保險觀念極好的人。他十分重視個人保險規劃，通常先親自比較各家保險公司的商品、仔細研究保單條款，再主動詢問業務員。因為自己已經做足功課，對於保險業務員的要求相對更高，無法忍受業務員對細節的掌握不符合期待。他並不是一開始就向我購買保單，是某次要辦理理賠時，原來的業務員沒有即時處理，回應都是推託之詞，於是他憤而來找我協助。我先安撫他的情緒後，以最快的速度幫他解決問題、完成理賠事宜。

客戶因為覺得受到委屈，態度也不是太親切，但是我處理完這個案子之後，後續我們成交了很多張保單。因為比一般人具備更完整的認知與正確觀念，對親朋好友來說，他儼然就是保險領域的意見領袖，他滿意我的服務，基於肯定與信任把我介紹給身邊親友，那份推薦是非常具有說服力的。服務特殊客戶必須更加謹慎細心，確實更耗費心力，但是一旦獲得他們的認可，信任度與忠誠度也相對更高，通常會成為穩固且長久的合作關係，所以不要害怕遇到挑剔的客戶。

每一個特殊客戶身上都有可以學習之處，不妨將他們視為嚴師益友，保持開放與正向積極的態度，在過程中持續優化服務流程、提升專業知識。只要能夠達到客戶認定的標準，後續獲得轉介紹的力道都會非常強勁，他們見過太多形形色色的業務員，終於遇到一個令他們感到滿意的，通常都會非常珍惜。如果真的覺得某個客戶是大魔王，就隨時激勵自己：解鎖關卡又取得更多經驗值了（或當作收服稀有神奇寶貝）。

但是我也真的遇過令人不舒服的那種「特殊客戶」。透過轉介紹，我認識一個職業神秘的客戶。第一天對方就指定要購買某五家保險公司的商品，說法是為了增加醫療保障。這個客戶住在台北市，保險費用卻指定要讓住在新北市的母親授權付款，最後所有的保單都無法承保，因為他已經是各家保險公司的黑名單。事後得知，他假借購買之名與各家業務員聯繫，真實目的是找人幫他跑腿、當免費司機遞送各種東西，例如一整袋已解凍正在滴水的年菜；或是要求讓他搭「順風車」，即使完全不順路。我的心情又好氣又好笑，雖然早就知道「一樣米養百樣人」，但還是超乎我的想像，這也讓我轉念，所有在一開始就拒絕我的客戶，可能只是不想浪費我的時間。

解鎖特殊客戶

管理信任危機事件

大部分的醫療險或是壽險，都是長效型保單。未發生理賠時，客戶不太會關注內容。依據我的經驗，通常簽約後不久，就極有可能已經遺忘保單內容與額度。往往是需要理賠的時候，才會開始追究當初的購買決策，質疑為什麼自己沒有購買某項商品，或是購買的額度不足。在我的職業生涯中，發生好幾次在客戶購買保單數年後，質疑額度不足或是理賠範圍不符合預期，我稱之為「客戶信任危機事件」。

我每年處理上百件理賠案件，一定會發生幾次客戶信任危機事件。客戶當下的反應通常是感到不愉快、憤怒，甚至認為是業務員疏忽或未善盡職責。所以我必須喚回客戶久遠的記憶，回溯當時討論的情境，協助他們想起當初討論的過程，提醒這些規劃都是雙方反覆討論及確認後的結果。我沒有記憶吐司與萬能大腦，也沒有時光機無法帶客戶穿越時空、重回現場。而我可以清楚記得每一份規劃的討論流程，是因為我建立了一套客戶關係管理的方法，詳實記錄每一次與客戶溝通的過程與脈絡，並倚賴這套方法處理客戶信任危機事件，管理及維繫客戶關係。

因為有這套管理方法，當發生客戶信任危機事件時，我可以迅速調閱討論紀錄，即時回應客戶當初討論的過程。證明自己沒有失職，當時確實強力建議或再三提醒，請客戶務必加強不足的規劃。

喚醒先前溝通記憶的過程，同時也會消弭客戶的質疑、鞏固信任感，有助於雙方聚焦於如何解決問題，並盡速重新調整規劃，包括客戶本人與其重視的家人。雖然風險發生了，但是也能夠藉此一併處理未臻完善的規劃，以避免未來更嚴重的弊端、造成更大的遺憾。

有一個在中國工作的客戶，是接續我母親的服務而認識。協助他申請補發遺失的保單後，也完成了保單檢視，並提早發現先前未規劃的缺口，進而提出規劃建議。然而，儘管我多次強烈建議補足保障，客戶最後仍決定只增加孩子的保障。甚至直到保單下來前，客戶還在猶豫是否要為孩子增加保障。

兩年後，客戶腰椎需要動手術，粗估自費金額為十七萬，我告知原先規劃的保單僅能理賠四萬。客戶只說了一句：「我當初就是相信妳媽的規劃，結果賠得那麼少。」當下覺得無奈又受傷。一來是母親的專業受到質疑；二來是明明已提前告知風險，舉了那麼多高額自費項目的例子，客戶仍決定自行承擔風險。但是當風險真的發生時，又責怪業務員規劃的保障不足。所幸當初的對話紀錄都有留存，我委婉說明當初溝通的過程，喚醒客戶記憶後，除了安慰客戶外，也迅速處理了信任的危機。這類例子層出不窮，紀錄有的時候不是為了提醒自己，更是為了安定客戶。

我的方法是將數位工具與紙本並用。除了公司內部保單檢視系統外，我也留存了所有與客戶溝通的訊息，然後利用紙本，把每一次溝通的重要內容列成文字，個別收納於獨立資料匣內。在每一次年度見面之前，先複習前一次的溝通，也有助於提醒自己或客戶是否尚有未規劃完成的部分要補足。當客戶數量越來越龐大，我也發展出不同的分類方式，相互搭配使用，以更有效地掌握客戶情況，進行客戶管理與關係維護。

★ **屬性分類法：**

將客戶依照屬性分類。例如影響力中心、未成交、有體況被拒保，以客戶的特性或狀態進行分類。需要推播訊息的時候，可以快速篩選出名單，有效率地遞送資訊。舉例來說，當有接受次標準體況客戶所能承保的商品上市時，就可以精準地找出曾經被拒保的客戶，第一時間聯絡並詢問其規劃意願，精準地提供商品資訊，當然也有助於提高成交率。

★ **關係地圖法：**

將客戶依照關係分類。例如同學、親友、社團、職域，以及其延伸的客戶放在同一群組。將大學同學與其同事，以及同事再轉介紹來的家人或朋友，歸類在同一個組群。群組內相互重疊認識的人脈，一旦需要客戶服務或是關係維護的時候，有機會可同時約訪，提高效率。為群組內任一成員服務時，可連帶關心及掌握其他成員的近況，把握機會一併進行關係維護。

★保戶系統：

舊有保戶在原保單下增加保障的意願，通常高於其他需要再規劃新主約的客戶。當有特定行銷目的或特殊商品的時候，可運用內部的客戶管理系統，設定不同條件進行篩選，找出目標族群。例如曾購買A保險公司商品的客戶，當A公司推出具有競爭力的商品，就可以一併通知。

★行事曆管理法：

我習慣以個人行事曆安排約訪客戶的行程，通常會先預排一季或半年內預定開發、拜訪的客戶，這樣的好處是，可以有計劃地進行客戶關係維護，而不會一整年重覆和特定少數客戶見面，忽略那些很久沒有聯繫的客戶。未來也可以回顧一年前、兩年前的今天，曾與哪些客戶見面、談了什麼事情，持續追蹤及維持至少一年一次的見面頻率。

★溝通紀錄：

盡量保留與客戶溝通往來的文字或訊息，無論是語音、文字或截圖。至少要留存關鍵對話訊息，例如確認投保意願、保險規劃討論與決策的過程等。除了有助於提供每一次談話延續的脈絡，當遇到客戶有疑慮或爭議時，可舉證澄清，維護辛苦建立的信任感。

★社群平台：

社群平台是管理客戶關係最有效率的方式之一，可以一次同時對數千人傳遞訊息，所耗費的時間成本很少。透過人物設定與經營、近況即時更新，客戶不但不會因為長時間沒見面而感到陌生，更能藉著累積互動，增進關係。

我們都犯過的錯

培訓新進業務員時，我非常鼓勵他們勇敢去嘗試錯誤，不要因為害怕犯錯，認為少做少錯，反而失去從錯誤中學習的機會。我也會一再提醒，允許自己試誤找出最適合的方式；允許自己在練習時失誤，檢討後不斷改進、提升；允許自己即使會失去客戶，依然要堅守專業與倫理。但是，絕不允許因為不該犯的錯誤，使客戶遭受損失。從業十五年來，我最想提出來跟大家分享、相互警惕，絕對不可以犯的錯誤，就是完全聽從客戶的要求銷售商品，卻沒有為客戶考慮或評估風險後再提出建議。

客戶提出想要購買某項商品，業務就依據客戶要求，準備好要保書。對業務員來說，就像是從天而降的好運，通常會殷勤地迅速完成簽約，既滿足客戶的需求，也達成一筆業績。但是既沒有先進行保單檢視，也沒有詢問動機與目的，甚至沒有確認客戶對保單內容的了解程度。我認為這樣的服務流程是不完整的：一是業務員沒有盡力做到本份與義務；二是成交這筆保單，對業務員的專業提升沒有任何幫助；三是與客戶的關係建立沒有延續性。令人更擔憂的是，客戶的保障可能因此存在風險。

我遇過一位客戶，已經跟其他業務員購買過多張保單，經過別人介紹找上我時，表示自己對保險非常了解，相關規劃已足夠，這一次的規劃只針對某項商品，其他的皆不需要，也拒絕保單檢視。

基於對客戶的尊重，在簡單地討論後，我確認客戶指定想規劃的內容確實是她的需求，因此順利的簽約成交。數年後，客戶突然來電，表示他在朋友的保單上看到某一項保障很好，想知道他當初規劃的是否一樣。

結果當然不如預期，客戶當初主動指定要規劃的內容，並不包含他在朋友保單上看到的保障。幸運的是，客戶仍在可投保年齡範圍內且身體健康，還能對保單做出補強。經過這次經驗，我提醒自己，無論客戶表現得有多專業，我還是堅持要做到客戶的資訊蒐集，並且不厭其煩地與客戶反覆溝通確認，將所有規劃的可能性告知，以期能對他的需求做出最正確的規劃。

初期因為經驗值不足，不知道客戶將承擔的潛在風險；另一方面也擔心堅持先做保單檢視，客戶會不耐煩或是有所防備，認為這是為了趁機推銷更多商品，而有所疑慮，進而轉向其他業務員。所以我也曾完全聽從客戶的想法，沒有做保單檢視就跟客戶簽約。我相信這是所有保險業務員都曾經犯過的錯誤，特別是對資歷較淺的業務員來說。因為他們正在累積客戶數量、衝刺個人業績，所以每一個客戶、每一張保單都非常重要，內在壓力會導致業務傾向「先成交再說」。

例如有客戶得知身邊親友有購買儲蓄險，期滿領回了一筆錢。他也想透過這個方式強迫自己儲蓄，於是主動聯絡保險業務員。遇到這樣的情況，我一定會先詢問客戶存錢的目的，是為了買車？買房？存創業基金或是教育基金？還有客戶的近程人生規劃，這些都是評估保險商品是否合適的重要因素。除了確認客戶決策的動機與考量，還有先前做過什麼規劃，購買過什麼商品，否則會有很多隱憂。

確實有保險業務員若遇到這種情況，會選擇只銷售儲蓄險，一來是順應客戶要求、可迅速成交；二來是認為客戶有需求會再找其他業務員購買。因此完全不考慮客戶整體的保險規劃，也從來沒有告訴客戶補足其他保險缺口的重要性。如果客戶沒有認知到風險的存在與嚴重性，當然也就不會積極處裡，甚至會認為已經買了保險，就有所保障，反而忽略潛在風險的控管。無論任何情況，保單檢視是所有服務流程的起點。

絕對不可以假設所有客戶都具備完整的保險概念，或是對保險商品都有足夠的認知，甚至在多年以後，還清楚記得自己買過的保單內容。我遇過客戶購買某項金融商品，好幾年後才赫然發現原來自己沒有購買人身保險，又再重新規劃、補足缺口。很顯然過去在溝通過程中，我沒有讓客戶確實理解保險分為哪些部分，發生什麼情況時，有哪些項目可以理賠。類似的事情發生幾次之後，我就痛下決心以後絕對要避免犯類似的錯誤，因為不是每一次失誤，都幸運有補救的機會。如果有一天，客戶發生了疾病或意外住院，打電話跟我說：「我每年都繳二十萬的保險費，請幫我查一下現在一天可以理賠多少錢？」而我只能回答：「我感到非常遺憾，但是你買的只有儲蓄險，醫療的部分無法理賠。」彼此的連結與信任感絕對是應聲斷裂。

直到幾年前，我才從母親口中得知，娘家有高風險的家族遺傳癌症病史。我為自己規劃的醫療險額度已經極高、保障完備，所以當下我關注的重點，都在親友身上。那一段時間，我聯繫了所有熟悉與不熟悉的親戚，說明我的擔憂，並且希望能為他們增加相關的保障。有一個在醫院工作的表姨，在那段期間接受了我的建議，規劃增加醫療的保障，但是因為身體有輕微體況，被保險公司發照會通知體檢。遺憾的是，兩次體檢的尿液檢查都發現了潛血反應，確定無法以正常費率承保。於是她主動放棄投保，我也未再繼續堅持。就在去年，聽到表姨罹患鼻咽癌的消息，我內心萬分懊惱。如果當初我更堅持，設法說服或影響她的決定，即使是保費加成，至少會多一份保障，讓她更無後顧之憂。

業務員與客戶的關係並不是成交之後就圓滿結束，而是從簽下合約這一刻正式開展。這份關係是否可以延續、甚至延伸，完全取決於服務品質，而服務品質也包括業務員在銷售流程中是否具備正當性與完整性，以及是否充分展現專業以及職業倫理。我看過很多業務員，剛入行前幾年成績斐然，卻做不長久。在這個產業真正成功且能屹立不搖的人，通常有著「為所應為、為所當為」的堅持。把事情「做完」跟把事情「做好」的層次截然不同，而「只成交一次」跟「持續成交」，更是雲泥之別。所以不要害怕堅持把事情做正確可能會錯失業績，若是只追求業績，使客戶蒙受難以彌補的損失，那將會是背負一輩子的愧疚與遺憾。

重新定義挫折

超級業務員、磐石保經執行長、終身頂級百萬圓桌會員，我取得受到業界認可的成功之後，外界關注的焦點就是我的失敗，尤其是遇過的挫折以及如何面對。其實挫折根本是保險業務員的日常，被客戶已讀不回或斷然拒絕、被保險公司的操作系統氣瘋、被海量的保單文件磨練心志，如此枯燥乏味又樸實無華。但是我不會許願這些挫折全都消失，因為波折、打擊、失敗也是這份工作的一部分，沒有挫折的累積，就抵達不了成功。當我肯定它的存在意義，就不會認為它不該存在，更不會因為它的存在而認為自己失敗。

為了增進業務銷售，電訪、寫信、問卷行銷這些方式，我在不同時期都做過。曾經用通訊軟體轟炸聯絡人清單上的所有朋友，結果石沉大海，沒人與我聯絡；登門拜訪店家陌生開發，結果被無情地趕出門；在公司行號進行職域開發，被各種異樣眼光打量；隨機電話開發，聽陌生人哭訴整個下午；還有陌生信件開發，親筆信跟電子郵件雙管齊下，一邊寫信、一邊想像收信人會嗤之以鼻還是莞爾一笑。我甚至針對不同族群，列出開發方法，選擇較為特殊的客群，例如殯葬業、八大行業等作為開發重點。我把這些我可以自己做決定的行銷方式當作一場遊戲，就因為方式甚多，我不需要因為任何一個方式受挫就失意，還有那麼多值得嘗試的方式。

雖然以上的方式，沒有成功帶來大量的客戶，但是每一次嘗試都新鮮又有趣，這些過程也成為我的養分。透過與各式各樣的人交流，我培養出精準的溝通與應對能力，可以讓不同背景的人，在最短的時間內信任我，進而開啟對話的機會。我就是自己的老闆，對於所有關於工作的開發方法，永遠都同意。現在我已經不需要積極開發新客戶，但是依然樂意嘗試任何新的行銷工具，像是最近正在經營自己的影片頻道。因為我必須要實際做過，才能確認這些方式有不有趣、效益好不好，並從中累積經驗，發現新的想法、創造新的火花，進而分享傳承給我的團隊。就算失敗，也不再是挫折而是獲得；不會因為被客戶拒絕而感到挫敗，而是懂得享受過程。我每天關注的不是見了幾個客戶、簽了幾份要保書；而是為了拜訪客戶去什麼特別的地方，認識哪些有故事的人。

我對工作要求盡善盡美，但是從不預設所有結果都要完美。現在我有絕對的自信，客戶拒絕我，是因為他還沒有需求，而不是否定我。只要確認自己盡了全力，沒有違背專業與信念，成交只是早晚的事情，那就不必感到挫折。每個人終其一生都在面對未知與風險，既然為客戶規劃時要看得很長遠，那當下成交與否都不是終點。我曾經一次為客戶寫了十五份要保書，投入大量心力之後，客戶就人間蒸發，沒接電話也不回訊息，最後一份也沒有成交，甚至不知道客戶拒絕的原因。即使當下負面情緒排山倒海而來，但是抒發完情緒之後，這件事情在我心裡就結案了。

保險業務員的工作，某種意義上是跟著客戶「出生入死」。人只能活一次，我卻已經設身處地經歷了千百種版本，陪伴客戶度過他們人生遭遇重大衝擊、徬徨無助的時刻。我對挫折有了更深刻的體認：**真正的挫折不是無力改變現在的不如預期，而是沒有積極防範未來的可以預見**。

進行保單規劃的時候，我一定會權衡客戶的收入與風險承受能力，因為再怎麼完善的建議，沒有可行性都是空談。客戶預算一定是有限的，對於人身財產的價值判斷與風險感知程度也因人而異。無論我的規劃有多完善，還是常常遇到客戶因預算考量而沒有採納。即使無法與客戶達成共識，我還是會一再的讓客戶清楚知道，他在的預算內，我們只能做到哪些規劃，而另外還有哪些風險，也絕對不能輕忽。

我不是要說服客戶，而是必須確實提醒客戶。過去累積的大量理賠經驗，使我可以預見未來將會面臨的問題，讓客戶透過我的經驗預見風險，是身為保險業務員的職責也是價值所在。曾經有位客戶在做完保單檢視後，我建議補足醫療險與失能險，因為發現他有遺傳性的高血壓，確實是有中風的風險。然而，他是家庭主要收入來源，除了個人保費支出，還要扶養其他親屬，最後只購買醫療險。我總是提醒自己，盡可能為客戶減壓、同理客戶，所以當時沒有強力勸說。但是簽約一年多之後，他不幸中風了。

當可以預見的未來變成了難以承擔的現在，對我來說，這才是挫折，而且是一輩子都要背負前行的那種。我的挫折感來自於——或許當時再多施加一些推力，結果就會有所改變，客戶會有更充足的保障，我也不會那麼懊悔、那麼遺憾。如果彼此之間的信任基礎不夠穩固，客戶會感到有壓力或是產生疑慮，認為業務員是為了達成更高的業績而促使他決策。現在的我，即使可能被誤解，態度依然堅定。因為我清楚知道，給客戶壓力，不是為了追求業績，而是希望未來不會因為自己沒有盡力而懊悔。

運氣是存出來的

我在成為保險業員的第二年，就取得百萬圓桌會員資格（MDRT）；第三年取得頂級百萬圓桌會員資格（TOT），接著是連續十年的TOT，成為全台灣最年輕的終身TOT，那一年我三十八歲。我沒有如外界想像、從新手業務員一步一步達到百萬年薪、MDRT、TOT的成長歷程。TOT的業績標準是MDRT的六倍，年度成交的佣金收入要達到台幣七百六十萬元以上，這麼高的目標金額，很難靠大量的小額保單累積達成。我的原則是不挑客戶，所以並不是鎖定高資產客戶來拉高業績，而是必須成交一定數量的高額保單，才有機會達成目標。

因此，我能不能成交高額保單的關鍵不是專業，是有沒有「高資產客戶」。想要遇到高資產客戶，我有沒有人脈？我有沒有運氣？沒錯，我要強調的就是運氣也很重要。當然專業是不可或缺的，當好運來臨時，專業會決定我抓不抓得住運氣。專業再加上運氣，才是實力的總和。一路走來，我的運氣比很多人好，在最短時間內，非常有效率的達成我設定的目標：連續十次TOT。這份好運來自於我不挑客戶，努力累積客戶數量，厚實我的人脈存摺。當客戶數量夠龐大，相對的，就有更高的機率遇到高資產客戶。事實也是如此，我的高資產客戶都是一般客戶轉介紹來的。

有一個觀念很重要，就是「客戶會長大」。我看過其他單位的業務取得TOT，是因為他的客戶一夕致富。我有客戶第一張保單買的是一百萬的躉繳，但是我持續服務到後來，這位客戶「長大」了，成為年繳幾百萬的高資產客戶。經濟狀況普通的客戶可能會變得很有錢，或是將很有錢的親友介紹給我。我也可以透過特殊管道與方法，積極接觸高資產客戶，但這不是我的選擇。我選擇的是不挑客戶，透過服務存下人脈與運氣。我隨時把自己準備好，運氣來的時候才抓得住。

但是，即使我做足了十二萬分的準備，運氣也可能稍縱即逝。我有很多的經驗是，花了一段時間費力談妥的保單，簽約前夕客戶突然改變心意，我與運氣就擦身而過。沒關係，我會再想辦法存回來。這就是我喜歡業務工作的原因之一，只要努力一定會有成果。錯失一張十萬元的保單，我就想辦法成交出十張一萬元的保單。業績金額一樣是十萬元，但是我還多出了九個客戶，這些舊客戶會再介紹更多新客戶，我的人脈存摺持續累積，所存下的好運，將會在未來被提領。

當我認知到，無論是人脈、運氣或是業績，都是可以「存」出來的，我的得失心降低許多，可以迅速地轉換心情。即使錯失了六位數的業績獎金，兩、三個小時內我就可以調適好，再度回到工作狀態。客戶現在沒有迫切的需求，不代表三年、五年他還是會拒絕，我依然持續提供售前服務，先把這個客戶存起來。等到時機成熟，他的人生階段改變，需要保險規劃的時候，他就會來找我，成為我的「運氣」。

新進業務員初期的挑戰是開發客戶，常質疑自己連達成當月業績目標都很吃力，哪來的客戶可以存下來？我會提醒他們，「永遠做好售前服務」就是在儲存人脈與運氣。只要檢視每天花多少時間與心力，在建立人物設定、培養興趣跟參與社團活動，以及拜訪客戶做自我介紹、主動提供保單檢視的服務，就可以清楚看到累積的脈絡。在我的觀察，有九成兼職的保險業務員很快就會放棄，即使繼續待在這個行業，也不會是最頂尖的，因為累積需要非常專注。

新手一定會有陣痛期，可能前面三個月成交的保單數都是掛零。但是，沒有「業績」，不代表沒有「累積」。只要這段時間踏實做好基本功，客戶拜訪數、保單檢視件數、理賠辦理件數，甚至是被客戶拒絕的次數，全都是珍貴的經驗值。我看過新手業務員以每天邀約十個客戶見面為目標，要求自己每一次跟客戶見面都要有新的推進，這次拜訪客戶是自我介紹，下次就提出保單檢視。不到一季的時間，他的業績就開始突飛猛進。

從事業務工作的人，通常很看重運氣，我也不例外。要比專業與努力，勝過我的大有人在，為什麼我可以成功？除了客戶相信我的人品之外，是具有決定性關鍵的好運，總是在重要關頭出現，把我推進成功之門，就像是《哈利波特》故事中的魔藥「福來福喜」

可以讓諸事順利。這份諸事順利的天時地利人和，不靠求神拜佛、也不靠風水改運，而是我認真勤懇存出來的運氣。

我曾經有機會與一位上市公司的總裁會面，相約在咖啡店討論預留稅源的規劃。儘管我已經與其他客戶談過無數次相關議題，仍然為了這次面談，用心準備書面資料，並且更新專業知識。面談順利結束，目送總裁離開之際，鄰桌一位氣質高雅的婦人主動向我打招呼。她表示並非刻意竊聽隱私，因為座位距離很近，無意中聽到了我們的談話內容。她認為我的規劃十分專業，規劃的內容也很符合她的需求，詢問是否也可以為她進行規劃。後來我才得知，她經營一家知名餐廳，年收入約五百萬元。她的規劃目的是照顧未成年子女，希望為他們預備好保障，最終當然順利完成，她也成為持續來往的忠實客戶。

這個客戶不是唯一「天上掉下來的客戶」，在我的業務生涯裡，還有許許多多諸如此類的「運氣」。而我唯一做對的事情，就是堅持把正確的事情做得更細膩，永遠以最佳狀態去服務每一個客戶。

第四章

從檢視到延續

關鍵

我認為「保單檢視」是客戶服務的開始，也是業務員的價值所在。透過保單檢視了解客戶現有的規劃與尚未被管理的風險，才能夠確實掌握客戶的需求，運用專業與經驗提出建議，這是與客戶建立彼此信任感的關鍵。這也是業務員累積實務經驗的重要管道，初期我積極主動爭取保單檢視的機會，藉由看似沒有立即成交效益的保單，以服務延續與客戶的互動，進而延伸接觸其他潛在客戶，這也是客戶量從無到有、積少成多的拓展關鍵。

保單檢視的重要性

對於新進保險業務員來說，如何向客戶開口談保單銷售，是最基本卻也最難突破的關卡。業務員好不容易鼓起勇氣敲門，就得到客戶安慰的淘汰。而被客戶拒絕最主要的原因，正是「敲門就談銷售」。業務員不清楚客戶買了那些保單商品，尚未充分了解客戶的狀態與需求，完全沒有展現應有的專業，就直接進入銷售的階段，當然難以獲得客戶的好感與信任。敲門之後要做的是開門，看見客戶的需求、也讓客戶看見業務員的專業。

「你不用跟我買任何保險，最重要的是，我會讓你看得懂自己的保單，知道自己現在有哪些保障、還有哪些風險。」如果邀約客戶見面談話是敲門，保單檢視就是打開客戶的心門，同理需求、蒐集資訊，透過服務展現專業與品格，建立與客戶之間的連結與信任感。前提是建立的人物設定與行為必須一致，客戶認同我的專業以及人格特質，才會願意相信我、將保單交給我。如果人物設定與行為不一致，嘴巴說提供服務、行為卻是推銷商品，客戶一定察覺得到。

根據統計，二〇二一年台灣的壽險投保率高達百分之兩百六十五，這項事實可以從兩個角度來看：一方面是平均每個人擁有兩張以上的保單；另一方面是一般人對於保險已經具有初步認知。相較於過去，我看見的是更多機會。多數人對於保險的認知與觀念已經非常普遍，業務員不須耗費太多溝通成本在說明保單檢視的重要性。換句話說，如果客戶拒絕你，不是因為對於保險的錯誤認知，而是因為業務員是你。

之所以被客戶拒絕，往往是將保單檢視作為行銷手段，而不是售前服務。導致客戶每次交出保單之後，就會再被推銷新的商品而備感壓力，逐漸失去信任感。我會在一開始就清楚說明目的，保單檢視是為了瞭解客戶的需求，也協助客戶整理及掌握所有保單的內容，看懂自己的保單。同時也讓客戶知道，透過這份保單檢視，未來需要理賠的時候，不論他有幾張保單、跟幾家不同保險公司購買的，我都可以在第一時間提供服務，包括告訴他需要幾份診斷證明書與收據、可以住多少錢的病房、有多少理賠額度，但前提是先做保單檢視。

「永遠做好售前服務」的標準作業流程，第一個步驟絕對是檢視客戶的所有保單，而且我會主動提出要求，清楚說明保單檢視的好處：分析及精簡保單、節省保費支出，例如提供保障相同、保費更低或是保費相同、保障更多的商品；依據客戶現況更新或調整保單，補足缺口、使保障更完整；以及更全面的規劃諮詢，從個人延伸至伴侶與至親。目前比較常做的是「人身保障分析」，當然還有「財務分析」。但是所有分析都應該先以「人身」為先；因為一旦人消失了，財務也就失去意義。

保單檢視是需求分析的第一要件，要知道原有規劃的缺口與風險在哪裡，才能進一步補足。確實做好保單檢視，對客戶絕對有實質上的幫助，完全不必猶疑或退卻。即使是客戶主動提出要購買某項商品，我也會要求先完成保單檢視。這樣做不是為了推銷其他商品，而是出自於責任感。但是大部分保險業務員會直接進入商品銷售，而不是先了解客戶買過什麼保險。有沒有可能成交？當然有。但是成交之後，業務員跟客戶的連結是什麼？沒有。這不是經營的長遠之計，也充滿著潛在的風險。

我有一個經由轉介紹而來的客戶，約五十歲的全職家庭主婦，需求是退休規劃。我提出先做保單檢視，對方沒有明確拒絕，但是表示全家一家四口保單至少超過二十份，規劃已經非常充足，醫療保障無虞，有機會再拿給我看。在尊重客戶意願的狀況下，我幫她完成了退休規劃，後續沒有再主動聯繫對方進行保單檢視，也沒有真正看過那二十份保單。數年後，客戶突然來電表示自己急性肝炎住院，詢問當初購買的保單是否能夠理賠。我回覆客戶當初規劃的是退休理財型商品，並未包含醫療保障，同時表示可以為其檢視家中保單，協助辦理理賠，才終於拿到全家的保單內容。遺憾的是，全家的確都規劃了醫療險，但是唯獨她本人沒有。

雖然我確實提出過保單檢視的要求，規劃過程也完全依循客戶的意願，她並沒有指責或不滿。但是沒有堅持確認所有保單，我仍視為失職並為此感到懊悔。保單成交後，客戶通常只記得自己「已經有保險」，卻不記得「買了什麼」，甚至不記得這份保單是跟哪個業務員買的。當意外或疾病發生時，他們會聯絡所有的保險業務員，詢問當初買的保單是否有理賠。當我略過保單檢視，完全無法掌握客戶的保險規劃，不知道他買過什麼商品，在他面臨緊急情況的時刻，無法即時提供「緊急逃生路線圖」，我認為這是對信任感最大的傷害。

另一個案例是，我的同事有個轉介紹來的客戶，因為被某保險公司的行銷電話打動，而主動提出想要規劃終身意外險。同事判斷與客戶之間尚未建立信任感，擔心要求先進行保單檢視，可能會被拒絕，進而錯失這個客戶。於是決定先成交再主動提出檢視保單。但是承保後，他就忘記這件事了。半年後，客戶發生交通事故，三根肋骨斷裂須住院治療並進行手術，若選擇自費鋼釘，費用約十五萬。客戶一直以為，購買終身意外險，保障就完整了。然而，他購買的終身意外險，不包含自費的理賠，原有保單也未規劃該內容。

保單檢視就像是客戶的「人生緊急逃生路線圖」，保險業務員的功能與價值，在於教客戶看懂路線圖，並且持續規劃更完善的路線圖。保單檢視也是與客戶建立關係的「地圖」，我可以按圖索驥蒐集客戶的重要資訊，理解客戶的需求與風險，以及規劃的邏輯與考量。最重要的是，要看見存在的風險，並且發出提醒。因為每一份保單簽約時，都代表一份責任與承諾正式啟動。但是業務員與客戶的信任感真正建立，往往發生在「理賠」的時候，只有在確實領到理賠時，客戶才會對我們真正放心。

保單檢視需要具備的能力

只要取得客戶所有保單，將資料輸入系統，即可產出保單檢視報告。即使是三十年前的保單，系統也可以將保單條款列出，一目瞭然。但是真正具有價值的是分析解讀，幫助客戶理解現有規劃的優缺點，並進一步提出建議。如何使保單檢視發揮最大功能，我認為業務員必須具備兩項關鍵的能力：專業與經驗值。

專業是指對目前市場上所有商品的掌握度。依據保障的內容，可將保險商品分為人身保險與財產保險，其延伸的險種與各家保險公司推出的商品，數量非常龐大。單一保險公司的業務員，通常對自家商品比較熟悉，但是保險經紀人公司的業務員可以銷售各家商品，對商品的掌握度一定比較高，規劃時可以更適切地滿足客戶的需求。最基本的就是透過調整原有保單內容或更換商品，為客戶精簡保單，節省保費支出、增加保障。

各家保險公司的內部成本、風險評估，皆有所差異，故同一險種的商品，保費可能不同。較常見的是個人意外險，若屏除掉部分保險權益細節（是否有保證續保、自費是否打折理賠等），保費的落差有機會接近三成。在明確告知差異後，可以讓客戶選擇是否更換商品，以降低保費。對於預算吃緊的客戶來說，還是能省下一筆不少的金額。

客戶已經購買的商品，也是保單檢視重點。因為我辦理理賠以及保單檢視的數量非常可觀，所以有機會審視市場上不同時期的商品，比較其優缺點。遇到好商品時，恭喜客戶並提醒一定要持續繳費。若有理賠條件比較特殊、或是啟動門檻有限制的商品，我會提醒客戶，未來無法涵蓋的保障範圍是什麼，讓客戶決定要調整保單或是承擔風險。例如，實支實付險啟動手術理賠的要件，有的只要符合麻醉切開縫合就理賠，有的要符合全民健康保險醫療費用支付標準2—2—7的定義；或是部分醫療險商品，必須符合保單條款中限定的重大手術項目才啟動。

另一項重要的能力是經驗值，這是評估潛在風險的重要依據，包括未來可能遭遇的風險、需要多少理賠額度等。不同族群的人生階段與風險都不同，所需保障也有所差異。須先確認客戶最關切的對象是誰，從這些關切對象，各自延伸規劃方向，再提供對應的商品。對於剛進入職場的年輕族群來說，平常外出、通勤的機率較高，意外險應該是基本規劃，相較之下壽險就不是迫切的需求。通常在結婚之後，多了家庭責任，就需要考慮增加壽險，即使突遇不測，伴侶及子女的生活也有所保障。

除了保險組合的配置之外，多少理賠額度才足夠，通常客戶是沒有概念的。在疾病與意外發生之前，一般人很難想像實際上需要花多少錢。保障愈高，當然保費就愈高。但是保費的預算一定是有限的，且與其他支出互相排擠。對於尚未發生又無法想像的需求，如何協助客戶做最合理的評估，就需要倚賴業務員的經驗值，透過實際案例讓客戶參考及評估。提升經驗值的途徑，除了教育訓練之外，最直接有效的是實際處理理賠。累積足夠經驗之後，規劃保單的時候，就可以輕易地具體舉例讓客戶知道，規劃的額度是否足夠。

例如台北地區的自費雙人病房，日額至少要預估二千五百元；

若是自費單人病房，日額至少要預估五至八千元。當客戶表示：「沒關係，我住健保病房就好。」此時就必須發出提醒，不須自費的健保病房，是最稀缺的選擇。醫療險的規劃就是為了在疾病發生時，可以無後顧之憂的提升醫療品質。我們當然可以滿足最基本的要求就好，但是有時候最低要求也不見得可以得到。當身體因為病痛非常難受，只能在急診室等待健保病床的床位，我會問客戶：「醫院說健保病房要等七天，你願意等待嗎？」

談實支實付醫療險的時候，我會說明為什麼需要規劃兩家的商品，或是為什麼六萬的額度不夠，一定要三十萬。例如年長客戶很容易發生的白內障，若選擇手術治療，自費人工水晶體價格三至十二萬不等，差別是置換後視力是否清晰。其他年長者常見的醫療需求如人工膝關節，健保給付的置換後只能使用兩至三年。如果手術後休養半年，兩年後就要再動手術，客戶是否能接受？自費的人工膝關節約十二萬，使用年限則可達八至十年，是否有能力自費負擔？這些細節是一般人不會知道、也無法預想的。讓客戶願意重新調整規劃，靠的並不是話術或技巧，而是足夠的理賠經驗。我知道當風險發生的時候，需要花多少錢、會發生什麼事。

近幾年興起的癌症免疫細胞療法，可以提升癌症治癒率。我有一個八十五歲的客戶已持續治療兩年，平均每月施打一次，一年的治療費用大約是二百萬左右。但是他過去規劃的醫療險早已於七十五歲失效，為了支付治療費用，於是決定賣掉一棟房子變現。但是有多少人可以選擇賣房子治療疾病呢？我常以這個案例向客戶說明，目前癌症險分為「療程型」與「一筆給付」，為什麼那麼多人買一筆給付，是因為市面上現有的療程型商品，皆無法因應標靶治療或免疫細胞療法的費用。當理賠是一筆給付的時候，就可以運用支付自費療法，缺點是一次性理賠用完就沒有了。另外可以再規劃「實支實付醫療險」，每一次將自費保障額度拉高，只要住院或是手術便可以給付。但是如果只有門診治療，就無法啟動。所以如果預算充足，建議兩種類型的商品都要規劃。

檢視保單的時候，我會舉出非常多實例說明，風險如何透過規劃分散、理賠額度是怎麼計算出來的，不是憑感覺，也不是客戶預算上限是多少，就規劃多少。例如二十萬的額度可涵蓋哪些醫療需求；另外有哪些項目是超過二十萬的，我也會讓客戶知道。保額不見得要規劃到最高，至少要滿足預期的醫療品質與生活品質。不只是分散風險，更是要活得有尊嚴，這才是保險的功能與意義。

對新進業務員人來說，要確實做好保單檢視這項服務，有兩個關鍵指標：一、自己能不能看得懂；二、有沒有能力讓客戶也看得懂。因為缺乏人生經驗與實務經驗，初期主管必須擔負教學與培訓的責任，就像是指導教練，督導保單檢視分析以及陪同與客戶溝通，引導新人學習以及反覆演練，將經驗值傳承給新人。

我通常會請新人以自己或親友的保單檢視作為範本，分析這份規劃的劣勢與優勢，包括沒被分散的風險，未來可能新增的風險，哪些商品組合是非常好的，值得繼續保留。當業務員自己看得懂的之後，隨著經驗值的累積，無論是透過大量服務客戶或是額外補充相關資訊，有能力透過實際案例與數據的輔助進行說明，才有機會讓客戶也看得懂。

保單檢視的流程

保單檢視的第一步是取得客戶的所有保單。常見的問題是，當事人本身的保單過去是父母處理的，保險契約書存放在外縣市的老家，或是已經遺失。此時可以請家人協助翻拍並傳送電子檔，也可以由本人致電保險公司確認投保內容；或是申請補發保單等不同方法。壽險公會也推出「保單存摺」，聯合二十二家壽險公司與十四家產險公司，提供即時網路查詢保險資料的服務。對於連自己投保哪一家保險公司都忘記的客戶來說，是更便利的方法。但是以上原因也可能只是客戶婉轉拒絕的說法，必須判斷其真實性。如果客戶確實有疑慮或其他考量，而不願意提供保單，務必再從保單檢視的重要性進行溝通，包括可以帶來節省保險支出的好處等，千萬不要被動等待客戶提供。

運用保單檢視系統可以將所有保單整合，產出一份報告書，將保單中較常使用的資訊製作成精簡明確的表單，重要欄位如：購買日期、保單年限、保險金額、保費、險種名稱，以及最重要的保障內容，所有保險重點資訊一覽無遺，再進一步教導客戶看懂保單檢視書。從所有的保單規劃以及提問，可以得知要保人對保險的觀念以及想法，蒐集相關資訊，同時更新客戶對現有醫療體系或是金融環境法規的認知，使其具備判斷保障是否足以分散風險的能力。透過談話與討論，抽絲剝繭理出客戶的需求，以及蒐集相關資訊，包括工作型態、最在意的風險、想要照顧的對象以及人生規劃等。從保單檢視分析延伸的議題，不僅是客戶本人的保障，還有其重要關係人。正確解讀分析結果、找出隱藏的保障缺口，並且和客戶討論取得共識、調整規劃以因應風險，才是保單檢視的真正核心關鍵。

舉例來說，我常遇到在二十歲購買二百萬定期壽險的客戶。詢問想照顧的對象是誰？為什麼只規劃到四十歲？答案都是信任原業務員的規劃，幾乎無一例外。當我向客戶說明在壯年期、家庭責任最重時，這份壽險保障卻會到期失效，其實是不符合需求的商品。客戶才表示不知道曾購買這份保單，接著抱怨原來的業務員未善盡說明之責。保單規劃沒有標準答案，但是必須讓客戶理解規劃的脈絡，才能隨著不同人生階段做出相對應的調整，而保單檢視正是客戶再次修正不適合規劃的機會。

世界上不存在完美的保單，即使已經是當下的最佳方案，隨著客戶的人生階段或生活狀態改變，甚至是收入增加、預算提高，一定會有需要調整之處。此時不用任何行銷技巧，只需要如實陳述保單檢視的結論與建議。通常完成保單檢視後，要不就是降低保費，要不就是補充缺口，一定會有可以推進的服務。重點是讓客戶理解原有的規劃，仍有不盡完善之處，並願意採納修改建議。

我有一個客戶的雙親都是教師，早年非常重視保險，幫他買了很多保單，光是醫療險就有八張。雙親陸續離世後，他透過友人介紹，委託我辦理母親的理賠以及個人的保單檢視。整理保單之後，發現他一年需要支付的醫療保費高達十四萬。最令客戶震驚的是，他以為高保費等於高保障，但是先前規劃的商品，都集中在定額給付型的還本終身醫療，實支實付醫療險只有一張，額度是十五萬。一旦發生疾病無法工作，不僅看護費用必須自費，薪資損失風險也無法分散，他重視的部分都不在保障範圍之內。雖然以他的收入來說，負擔保險費並不吃力。但是太太是家庭主婦，孩子正在學齡，家庭責任幾乎沒有保障。考量他是家中唯一收入來源，以不提高保費為原則，重新調整保單規劃。增加為三家實支實付的醫療險、提高自費項目理賠額度、增加失能給付保障，以及為家人預留了千萬壽險。

當客戶認同原有的保單不完美、不完整，一定想改善或解決問題。接下來就是保險業務員的工作了。客戶不想解決問題，通常是業務員的問題。一般人不會對迫切存在的風險視而不見，只要讓客戶確實看到問題，甚至因此感到焦慮或恐懼，反而會主動尋求解決方案，不需要強力推銷。保單檢視流程其實就是售前服務，只要做到位，我的經驗裡有九成客戶會主動詢問商品資訊。尤其是我在一開始就讓客戶知道：「解決問題不一定要增加預算，為什麼不解決？」客戶通常沒有理由拒絕。就像上述案例，當客戶發現高保費不等於高保障，重新規劃也不需要再提高保費支出後，自然就接受我的建議。

完成保單檢視後，我會提供一份全新的保單檢視報告書，教客戶讀懂內容，知道自己擁有哪些保障，以及尚未規劃的風險。他們可以放心把每一本保單收到櫃子深處，只要將保單檢視報告書放在手邊，第一頁就是所有保單的重點摘要，以及我的聯絡方式。每一次完成保單檢視，無論是否成交新保單，都爭取到一次售前服務。我還會再誠摯詢問客戶：「如果我是第一個讓你看懂保單的業務員，那能不能請你介紹其他的親友給我，讓他們也能看懂自己的保單，而這項服務是免費的。」

根據我的觀察，新進保險業務員很容易在保單檢視的流程卡關，無法說服客戶提供保單，無法讓客戶認可建議、調整規劃，主要都是因為自信不夠、經驗不足。保單檢視是服務的開始，也是我與客戶建立連結的基礎，一定會有所延伸，無論是日後的成交，或是轉介紹而來的其他機會。進入保險業初期，我靠著積極主動尋求保單檢視的機會，累積大量的實務經驗，也從這些看似沒有立即效益的舊保單裡，透過專業服務達成許多新的成交。從檢視保單延續人際網絡，開發許多潛在客戶，而且仍透過轉介紹的力量，持續拓展中。

保險經紀人公司的優勢

保單檢視是為了將個人的保險規劃最佳化，無論是從預算或保障的考量出發。因此，最終仍必須提供客戶解決方案，才是保單檢視的意義與價值。換句話說，保單檢視不只是「幫客戶整理保單」，而是以專業與經驗進行分析與評估，找出現有保障的缺口，並提供合適的規劃，以分散或降低風險。

根據過去保單檢視的經驗，通常保險公司業務員的規劃建議，有較高機率存在未被管理的風險，我很少遇到不需要重新調整的保單規劃。主要的原因是，業務員所屬的保險公司沒有相對應的商品，可以滿足客戶的需求，導致業務員可能會「選擇性忽略」相關風險。然而，**保險經紀人公司的業務員握有的銷售權，涵蓋各家保險公司商品，可以避免「有需求、無對應商品」的窘境，因此更具優勢，這也是開發客戶的機會所在。**

我第一次接觸的客戶裡，有八成做過其他保險公司的保單檢視，但是在重新分析之後，不需要再調整的規劃是極少數。原則上每二至三年，應該建議客戶重新檢視保單。因為隨著年齡與人生階段改變，責任與風險也有所不同，必須視情況進行相對應的調整。即使客戶表示，已經有保險規劃、也做過保單檢視時，並不代表需求不存在，反而可以提醒客戶現有規劃中可能存在的問題——先前的規劃被忽略的保障缺口，以及尚未被檢視的新增風險。

我會讓客戶知道，無論是舊缺口或新需求，保險經紀人公司的業務員可以提供的服務更完善、更有效率。因為每家保險公司的商品，我都可以銷售；先前客戶向其他業務員購買的保單，我也都可以提供後續服務。分析後的需求，一定能有適當的商品相對應，甚至有機會節省保費。舉例來說，同樣是保額一百萬的終身壽險，在不同保險公司投保，保費也會有所差異。有些客戶重視品牌好感度，傾向選擇規模較大、理賠速度快的保險公司；有些客戶想要節省保費支出，希望在有限預算內滿足所需保障。無論是哪一種考量，我都可以規劃最有利的方案，這是一般保險公司業務員做不到的。

我接觸過的大部分客戶表示，雖然以前做過保單檢視，但是依然看不懂保單、也不清楚保障內容，甚至認為保單檢視只是業務員的例行公事或銷售手段。我曾看過保險公司業務員提供的保單檢視報告書，使用的是業務員自創格式。這份保單檢視可能不是出自於系統分析產出，而是業務員人工整理而成。除了在專業上缺乏說服力、可能造成客戶的疑慮之外，我對於業務員是否有能力自行理解所有條款、提供一份具有可信度的報告書也持保留態度。然而，相較一般保險公司自行開發的系統，保險經紀人公司使用的保單檢視系統，通常由第三方所開發，其分析功能與使用介面更具競爭力，有助於業務員進行分析與解說，使客戶更容易理解相關內容。例如檢視報告的保障欄位，可呈現更完整的內容細節，甚至可以細膩到把「保單條款」列出，即使是三十年前的保單也可以處理。

完成分析後，首要任務不是提出規劃建議，而是教客戶如何讀懂保單檢視。當客戶需要理賠時，可以快速確認自己究竟擁有多少保障，第一時間不至於手足無措。並且提醒客戶，好的保單一定要繼續繳款，維持保障。不適合的保單要盡快處理，讓客戶有安全感。我會同步留存副本，未來若有任何需求，我會免費提供諮詢與服務，包括更新個人資訊、調整保障內容或是辦理理賠申請等，請客戶放心將我視為保險相關事宜的單一窗口。

經由客戶轉介紹，我認識了一個在高雄開補習班的老闆。他的保險觀念很好，十年前就陸續替全家在兩家保險公司投保了醫療險和重大疾病險。然而，一家四口的總保費高達二十萬元，每個人的實支實付型醫療險，卻只規劃了一張保單，理賠額度僅有六萬元。

我向客戶大致解釋各險種理賠的範圍和條件，詢問他是否知道，現有規劃的實支實付型醫療額度僅六萬元。客戶表示知情，投保的第二家保險公司業務員，曾提醒理賠額度明顯不足，建議他先解約前一間保險公司的六萬元，再將預算增加在第二家保險公司的商品。但是客戶認為過去購買的險種費率肯定較為優惠，不願意輕易解約。因此只願意在第二間保險公司再增加定額給付型的醫療，希望補足風險。

於是，我針對額度的部分，先與客戶取得共識。在討論過程中，客戶才發現，原來每一個人可以購買三張實支實付型的醫療險。「為什麼那個業務員要我解約，還告訴我實支實付型的醫療險只能購買一張？」他既驚訝又困惑。「因為這兩間保險公司的保單條款規定，收據只收正本。」我說，「你只要選擇接受副本收據的商品就解決了。」事實上，雖然每人可購買三張實支實付型的醫療險保單，但是在申請理賠時須檢附的收據正本只有一份，因此其餘兩張只要選擇可接受收據副本的商品，就可以買足三張保單，規劃足夠的保障。但是第二家保險業員沒有詳實說明原委，因而使客戶有所誤解。

客戶接受我的建議，重新調整自己與家人的規劃，不僅提高了實支實付型醫療險保額，也買滿三張保單。後來，他因為視網膜剝離緊急住院動手術，在家休養了好長一段時間。理賠的金額彌補了大部分的薪資損失和看護費用，才意識到正確規劃的重要性，後續為我轉介紹了好幾個學生家長檢視保單。其實前面兩位業務員並沒有做錯事情，但是受限於商品條件，只能在當下取捨出相對有利的規劃。我比他們擁有更多選擇商品的空間與彈性，這就是保險經紀人公司業務員的優勢，而且與客戶的權益息息相關。進行保單檢視時，應該要充分讓客戶理解這項優勢的重要性。

為什麼新人要保單常常失敗？

我向客戶要保單的時候，通常是態度溫和堅定的提出要求。不需要商量或拜託對方，基本上很少失敗，因為我確知保單檢視有多重要。但是新進業務員往往在取得保單這一步就被拒絕。新手業務員不敢積極要求客戶提供保單，最主要的原因是，連自己都沒有認知到保單檢視的重要性，以及對客戶的好處。

另一個重點是，新手業務員沒有意識到，保單檢視是有價值的專業服務。若委託市面上的保險顧問公司進行保單檢視，一次的費用約需三至五萬元。我秉持「售前服務」的理念，免費提供客戶這項服務，並不會減損這項服務的價值。客戶現在把保單交給我檢視，未來若遇到需要服務的情況，我可以在第一時間提供協助，就像是一個「免費的線上助理」。但是業務員對自己的專業缺乏信心，對於保單檢視的認知也不足，當然缺乏開口的底氣。

身為一名保險業務員，如果自己對保險的功能缺乏認知，一旦被客戶質疑或拒絕，很容易就會退縮或放棄。但是我從不懷疑這點，因為看過各種最壞的狀況，累積海量的理賠經驗。對我來說，建立這份發自內心的認同，最有效的方式就是去辦理非常多的理賠。每天接觸各式各樣的理賠案件時，面對意外、疾病、重大傷害與死亡，就會真實體認到，人們確實暴露在各式各樣的風險之中。因此售前服務很重要，我的理賠經驗大多是從承接的孤兒保單而來，我願意先服務還沒有跟我買保單的客戶，從中累積大量的經驗值。面對質疑時，我有龐大的資料庫可以隨時搜尋、調閱資料，立刻舉出實例說明。我認為這是比溝通訓練更重要的事情。

在培訓新進業務員的時候，我會不斷的灌輸他們這個觀念：保險的必要性不容質疑，風險就是真實存在。身為一個保險業務員，自己必須認知保險的重要性，才能進一步教育客戶這個觀念。不是為了銷售目的，而是發自內心的認同，才有辦法說服客戶。既然這是對客戶有止面助益的事情，在態度上應該更肯定積極，而不是以徵求同意的語氣，留給客戶拒絕或猶豫的空間。以下是新手業務員要保單時，常遇到的情況以及應對上的建議：

業務不敢要求

若業務員缺乏自信，就會經常不自覺流露「心虛感」，而使用過於禮貌婉轉的語句，詢問客戶：「可以把保單拍照傳給我嗎？」

來掩飾內心的不安。我建議明確向客戶提出要求，例如：請將您的保單拍照傳給我，我將為您免費進行保單檢視，並提供分析報告。

另一種方式是告知對方：「請提供您的保單讓我檢視，給我累積實務經驗的機會，我將回饋您保單分析與建議的服務。」誠懇表明正在累積經驗，必須蒐集大量保單。雖然是以請託的角度出發，但是以提供保單檢視服務作為回饋，幫客戶抓出保單漏洞，或是節省保費支出，而且是免費提供服務，讓對方獲得實質的好處。

—**請你跟我這樣說**—

- 請問您有為自己和家人的保單做過保單檢視嗎？我可以為您整理出一份專業報告，這份報告會直接顯示保單裡的所有重要資訊，除了讓您知道所擁有的所有保障總和，也能清楚知道每年什麼時候繳保費，要繳多少。

- 在需要理賠的時候，聯絡不上業務員的時候，也能快速的確認額度，協助判斷可以選擇的治療方式。當然，如果我這裡有您的資料，您便會多一個可以諮詢的對象。
- 最重要的是，有很多保單的隱藏條件，我可以在檢視後為您統整解說。當需要使用的時候，才可以避免因為資訊不足導致權益受損。我明天可以跟您約時間拿實體保單，或是今天晚上您直接拍給我。哪一個您比較方便？

客戶不想花錢

客戶直接表示沒有必要，通常是認為業務員目的是銷售，而不是服務。可能在他過去的經驗裡，每次進行保單檢視，後續就會被推銷商品。面對這類型客戶的溝通重點在於保單檢視可以做到：擁有相同的保障，但是精簡保費支出；或是保費金額不變，保障更完善。一定要清楚向客戶說明，保單檢視的目的是「省錢」。適度調整後，非但不會多花錢，還會更省錢，或是獲得更好的保障。例如透過精簡保費，只要一年省一千元，一家四口一年就可以省下四千元。

請你跟我這樣說

- 每間保險公司的商品雖然都大同小異，但是保費還是略有不同。經過保單檢視，能簡單判斷您是否有把保費花在刀口上，甚至有更大的機率，我可以為您省下保費，或是在保費不變的狀況下，放大您的保障。
- 我不會主動推銷商品，只做專業分析。如果您覺得有需要，我才會提供建議。

客戶保護個資

當客戶擔心個資外流而猶豫，不願意提供保單時。只要請客戶提供保單的商品內容頁，並說明：「商品內容頁沒有任何個人資訊，請安心提供。」即可直接解決客戶的疑慮。因為從商品內容頁就可得知額度與保障。另外，必須詢問客戶的「出生年月日」，因為性別與年齡是保單檢視與風險評估的重要參考條件，搭配保單檢視報告，可以初步判斷客戶現階段必須關注的風險類型。

—**請你跟我這樣說**—

- 如果您擔心個人資訊外洩，無法放心的把保單交給我做檢視，也可以直接翻拍您的保單商品頁，那一頁可以看到保險商品名稱、規劃的保額、年期、以及保費，同時也能看到規劃的日期。僅僅需要這些資訊，我就能為您提供一份保單檢視報告。而您需要做的，只要拍照就好。

客戶覺得麻煩

找出保單不是舉手之勞，沒有強烈動機或誘因，客戶怕麻煩而拒絕也是人之常情。更何況有些人的保單不在手邊，取得不易。這種情況，讓客戶理解保單檢視的好處，才是說服的關鍵。可透過案例說明，適度引起客戶的緊張感，讓他也想要確認保險內容。如果保單不在身邊，可委託家人協助拍下商品內容頁。正因為客戶是怕麻煩的類型，可強調完成保單檢視後，以後就有專人保管，即使購買不同保險公司的保單，都擁有單一窗口的服務。

—請你跟我這樣說—

- 我可以直接到您家門口跟您拿保單，或是直接在門外翻拍必要資訊就還給您。大概只要耽誤您一分鐘。

• 如果這件事不重要，我絕對不會麻煩您找出來。客戶常常要辦理賠的時候，才發現保單已經失效而自己沒有被通知，或是根本買錯商品，花了這麼多的保費，賠不夠實在太冤了。再者，如果保單失蹤，原始業務員也聯絡不上，多一份報告為您留下相關資訊，理賠我也能免費為您服務，您才能更放心不是嗎？

客戶說再考慮

當客戶回應「我再考慮看看」，千萬不要等待。通常我會告訴客戶說：「沒關係，有空請看一下意外險的保單，意外險通常是壽險保單的附約，保單裡寫著『傷害』二字的就是意外險。」接著說明一般意外死亡可獲得的理賠金額；再看傷害險的日額，這是指因為意外而住院的理賠額度；還有一個是實支實付的額度，也就是只要有收據，都可以申請理賠。「只要告訴我這三個額度，以及一年保費多少錢，不用給我看保單。」接下來，我會直接舉例最強勢的意外險商品細節，例如：身故一百萬元、住院日額二千元、實支實付六萬元，一年保費二千二百一十四元。極有可能他的保單理賠額度比較低，但是保費更高，客戶通常就會主動與我聯絡。

─請你跟我這樣說─

- 您晚上有空的時候可以稍微看一下自己的保單，一般我們規劃的意外險都會包含下面三項：意外壽險、意外住院日額、意外實支實付額度。您首先需要確認的是，是否有規劃到意外日額，因為一旦發生骨折，要在家休養數月，沒有規劃這個商品，可能就只能理賠掛號費用。
- 另外，我們公司專案推出的商品（以下舉例），包含意外壽險一百萬、意外住院兩千元、實支實付額度六萬元，搭乘大眾交通工具身故理賠還拉升至二百萬元，一年的保費僅需要二千二百一十四元。經過檢視，幾乎我的所有客戶原始保單的保費都高於這項專案三成，經過調整可以省下保費或是增加保障。

已經做過檢視

若客戶表示，其他業務已做過保單檢視，不願意再提供保單，你可以用自己的保單檢視報告，作為舉例說明，進而開啟對話，降低客戶的抗拒感。只要有機會展現保單檢視的功能與實質好處，就有機會打動客戶。後續請客戶提供手邊的保單檢視書，仍可進行分析與建議，（再明確說明保險經紀人公司與一般保險公司的差異。）其他保險公司的業務員檢視再多次，如果沒有相對應的商品可以提供，那保單缺口可能永遠不會被提出。這次確認保單後，客戶可將本次分析作為「第二意見」，如同生病就醫時會找第二家醫院諮詢，讓自己更安心。同時再次強調，我的優勢是可以銷售不同保險公司的商品，因此若發現保障不足，我有能力提出解決方案，拉高保障或是降低保費支出。這點比其他保險公司的業務員更專業，也是保單檢視的價值。

—請你跟我這樣說—

- 這是我自己的保單檢視報告。雖然我有十四張保單，但是這一頁可以顯示所有保單的重要資訊，我可以知道什麼時候要繳保費以及多少金額，終身型商品還要繳幾年才會滿期，以及保單號碼。如果您也有這一份資訊，需要理賠的時候，我一個人就可以幫您向所有規劃的保險公司申請理賠。
- 第二頁是規劃的保單商品細節，有所有主、附約的名稱和資訊。如果您剛好跟我一樣有好幾間保險公司的保單，需要查詢的時候，這一份報告就能顯示所有資訊，不用再花時間一本一本翻查保單了。

- 第二頁是所有規劃保單經過彙整後的總保障金額。您可以直接看到包含壽險、重大疾病、失能、意外、定額醫療、實支實付醫療、以及癌症的所有細項保障金額。沒有規劃的部份就會是空白，也方便您可以看懂自己的保單。
- 像是我自己規劃了一個月高達十二萬保障的失能險，目的是為了害怕無法工作後，家裡不但少了一份收入，還要增加請看護照顧我的費用。這個金額不但不會使其他家人的生活被迫改變，我還能有良好的生活品質和有尊嚴地活下去。您有規劃嗎？

開啟轉介紹

當你讀懂客戶原本的規劃，並且成功讓他也看得懂自己的保單內容，就建立彼此之間的連結與信任感了。即使尚未正式成交保單，也千萬不要放棄延伸的開發機會，你可以主動提出為其親友進行保單檢視的建議，只要服務品質是獲得認可，客戶一定願意將你推薦給其他人。

—請你跟我這樣說—

- 如果我是第一個讓您看懂保單的業務員，或是我的分析對您來說有價值，能不能請您介紹其他親友給我，讓他們也能看懂自己的保單，進而確認保險規劃都符合他們期待的樣子。我只會提供保單檢視的專業，不推銷任何商品，您可以放心。你的父母、配偶、子女的保險規劃也會與你息息相關，我可以為他們進行檢視，確認保障是否足夠，或是幫他們節省保費。並且我可以向您承諾，您所有的資訊都被保密，這也是我工作職責的一部份。
- 另外，想請問您的父母、配偶、以及子女的保單是否也是由您負責規劃的？請協助我取得他們的保單資訊，我會將他們的檢視報告提供一份給您。如果您並不知道父母的投保狀況，可以直接給我聯繫他們的方式。我們先假設，在爸媽都未曾投保的狀況下，一旦需要醫療費用，他們是否有能力支付？如果沒有，您會協助負擔嗎？比起負擔高額醫藥費，會不會依靠保險規劃更能讓您無後顧之憂？

沒有能力分析

新手業務員初期較缺乏人生經驗與理賠經驗，需要資深業務員指導，進而學習分析與發現問題，包括客戶沒有被分散的風險、未來可能發生的風險。有好的規劃要建議保留、不適合的規劃則建議客戶盡快處理。

請你跟我這樣做

- 確實地查閱客戶保單的條款，了解客戶購買商品的理賠條件，統整重點。不斷地累積理賠實務經驗，並對健保體系有基本的專業認知。在實務經驗有限的狀況下，可以閱讀市售工具書累積知識。這裡指的實務經驗，包含醫療行為中可能需要支出的大筆花費，例如病房費差額、手術方式、以及自費項目。
- 拜訪客戶之前，可以先向主管或是資深同事請益，聽聽他們對於該客戶保單規劃的想法，以及判斷尚未規劃而可能存在的風險缺口為何。

第五章

客戶買的是人品

價值

我認為保險業務員應該透過自身的專業與經驗，保持善良、正直以及誠實，帶領客戶看見現在與未來存在的風險，持續地透過妥善規劃分散風險。比起成交，我更在乎與客戶關係的長久延續，而不是銀貨兩訖的交易。因此每一次服務都要盡心盡力、盡責地完成，即使知道可能會被拒絕，依然要審慎提出建議、不厭其煩的反覆確認。讓客戶願意託付重要人生規劃的不只是專業，還要使客戶感到安心與信賴，這才是保險業務員存在的價值。

情感×認知的雙重同理

如何成為一個稱職且傑出的保險業務員？我認為銷售技巧只是「選配」，就像遊戲玩家的道具裝備或特殊技能，每個業務員都會依據個人特質與企圖心，發展出專屬的技能樹（Skill Tree）。在我的認知與經驗裡，要成為一名稱職且傑出的業務員，真正不可或缺的「標配」，是專業與同理心。專業的重要性不需要多加贅述，絕對是最基本的條件；另一項從售前服務到簽約成交都必須具備的要件，就是「同理心」。

一般人對於同理心的理解是在情感或情緒上同理對方，並主動表示理解對方的感受，建立雙方的連結，這稱為情感的同理心（affective/emotional empathy）。認知的同理心（cognitive empathy）則是了解對方的觀點，以及這些觀點是如何形成的。我認為情感的同理心與認知的同理心都非常重要，但是後者卻很容易被忽略。

假設客戶在孩子出生後，主動詢問新生兒的醫療險時，我可以從他說話的語氣、表情去同理他的情緒，進而了解他的心情：一方面因為迎接新生命而充滿喜悅；另一方面也為了未來的不確定性而感到擔憂。當我對這些情緒感同身受，我們之間的連結就建立起來了，我的關心與在乎才能真實地傳達給對方。接著我會詢問他有哪些考量或需求？是否有預算的限制？透過這些提問與對話，進而去理解客戶對保險的觀念以及風險的認知，還有這些想法是如何形成的。

客戶可能會告訴我，是朋友建議他幫小孩買保險，他其實沒有什麼概念；或者是他看過親戚的小孩時常生病住院，父母得請假照顧還會被扣薪水，是一筆額外的負擔。這些都可能影響他對保險的觀念、願意花費的預算。因為客戶所表達的內容，有些是感受、有些是假設與猜測、有些則是實際經驗，而我必須同理對方的認知，從他的視角看見他的世界存在什麼需求與風險，才能更有效率、更精確地進行溝通。如果客戶的認知或判斷與我不同，他認為保障已經足夠，我會詢問為什麼他認為這樣足夠？他在乎或擔憂的事情是什麼？他的想法或理由是什麼？我會盡可能設身處地去理解客戶，但是絕不做出評論與價值判斷。

我不會直接告訴客戶「這樣的規劃不夠」，而是說明有哪些項目是需要花錢的。若我認為實支實付額度需要規劃二十萬，客戶只想規劃十二萬，我就會實際說明有哪些醫療項目超過二十萬。如果依照客戶的要求，每年可節省數千元保費，但是當疾病或意外發生，他必須自行負擔不足的八萬。這是客戶視角看不見但確實存在的風險，我讓客戶透過實際的情境去感受、去判斷，而不是說服他。當我確實從情感與認知去同理客戶，我與客戶的感受與思考應該是同步的，我不該批判他或是說服他，而是成為他、理解他，找到有機會縮減彼此認知落差、達成共識的關鍵。

每個人都有自己的價值觀與思考邏輯，對於在乎的人事物也有不同的優先順序，這些都會影響他的選擇。例如單身的客戶在考慮保險規劃的時候，有人只關切自己，有人則是優先考慮父母。優先考慮父母的人，往往意識到自身的風險就是父母的風險，或者父母的風險就是自己的風險。但是也有人認為，別人的風險與自身無關，無論是配偶或是親人。當對方完全不將其他人納入考量的時候，我與他討論涉及他人的任何規劃，都是無效溝通。所以我們在提供客戶規劃之前，必須要先理解對方的喜好、價值觀與人生觀，就像是蒐集各種情報，當我掌握的資訊愈完整，我所能提供的建議與服務就更加接近客戶的真實需要。

若提出的建議被客戶拒絕，我理解這是因為我們看到的世界不同。確實有些人的生命歷程，很少遭遇親友生病或受傷，沒有看過保險的功能有所發揮的情況。我若以自身的經驗去否定他的認知，那是不對的。但是我仍然必須盡到保險業務員的職責，以我的專業與實務經驗進行評估後，明確告知客戶應該被評估與管理的風險有哪些，並提供實際案例與統計數據作為佐證及參考。我會預留充裕的時間與客戶進行溝通，保持樂觀與耐心。

我確實分享必須讓客戶知道的資訊，但是最終仍會尊重客戶的決定。我認為尚未完備的規劃或是仍具有風險的事項，我會視為需要長期溝通的目標，要求自己在下一次拜訪客戶的時候，試著從不同面向切入、發出提醒，而不是害怕被客戶拒絕就略過不提。

畢竟風險是確實存在的，如果我沒有持續關切，也許三、五年之後，客戶從其他管道接觸到相關資訊，或是不幸的情況發生了，我會認為這是我的失職。因此我盡力與客戶溝通想法與考量，說明過去確實發生過令人遺憾的案例。我不想給客戶壓力，但是遺憾發生，才是客戶所無法承擔的壓力。經過說明後，通常客戶都願意再重新思考調整預算。

當然，並不是所有業務員都會提醒客戶未被管理的風險。業務員可能是想避免給客戶壓力；可能是所屬保險公司的商品有限，無法滿足客戶這部分的需求，就索性不提；或者是想要快速成交，減少銷售的變數。有些客戶確實會主動提出有興趣的商品，如果是想要便宜行事的業務員，往往會直接滿足客戶的要求，不去理解其考量或想法。可是我更在意的是，這個人將會成為我的一輩子的客戶，若沒有提醒尚有其他的風險存在，是否會影響客戶十年後的人生、或是對我的信任？所以我考慮得更多、更長遠，因為我重視每一個客戶，也珍惜自己的羽毛。

讓客戶站在我的肩膀上

前面談到對客戶必須具備「同理心」，如果用我的方式來詮釋，就是代入對方的靈魂，以他的邏輯去思考、以他的喜歡去選擇、以他的價值觀去決策。剛進入保險產業，我就非常明確知道「同理客戶」很重要，因為沒有人喜歡被強迫推銷，缺乏理解與信任的銷售，一定是事倍功半。但是隨著經驗累積，我對於「同理客戶」要做到什麼程度，有了不同的體認。我認為同理心不只是同理客戶的情緒與認知，還要同理客戶的現在與未來。

舉例來說，客戶現在是三十二歲、新婚尚未生育小孩、父母的健康狀況良好，著重更好的生活品質，例如休閒娛樂或一般消費，認為保險「有買就好」不一定用得到，最好保費不要太高。當我代入客戶的靈魂，以他視角看世界時，完全能夠理解「現在的他」為什麼會做出這樣的決定。早期我為了同理客戶、為客戶減壓，同理心的展現往往是順著客戶的喜好與狀態進行規劃，因為我如果在他此時的狀態，也可能會為了省錢，做出相同的決定。我們在不同人生階段、不同收入的狀態下，對於價值的定義確實有所不同。

然而，這十五年來，我處理過大量的理賠案件，看過人生可能會遭遇的各種意外與疾病，我體認到不能只同理客戶現在的考量，因為我已經可以預見客戶未來的風險。當五年後他三十七歲，孩子剛出生、父母開始有身體狀況，他變成了上有老、下有小的「三明治世代」，也開始發現自己的健康狀態亮起紅燈。我要同理的不只是三十二歲的他，還有三十七歲的他，以及四十二歲的他——不只是現在的他，還有未來的他。我不能只是看到客戶的現在，我必須設身處地去思考他十年後、二十年後的人生，當我同理未來的他與可能發生在他身上的事情，我就必須要提醒現在的他預先做準備。

比起被客戶拒絕，我更不樂見的是以後客戶問我：「怎麼理賠金額這麼少？」這是很大的打擊，我會視為自己的失職。提出建議時，客戶總是說：「有買就好。」但是事故發生後，客戶通常已經忘記當初規劃的過程，更不會記得我的建議。在風險還沒發生之前，人們是無感的，保單規劃就只是一份契約。還沒有發生事情的時候，我們都會覺得這樣就夠了，有買就好了，但是我已經看過很多令人遺憾的情況，所以我一定要事前就讓客戶知道，千萬不要等到真的後悔再去承受。

客戶不知道只要再多加一點預算，獲得的保障就會更完備，因此我一定會詳細說明，無論建議是否被採納。除了同理客戶，我一定會讓客戶站在我的肩膀上，以實際案例讓他看見可能存在的風險。如果我沒有充分的耐心，不願意花比較多的時間跟力氣去讓他理解，客戶通常就會說：「我有買了。」我必須讓他看見買得足夠跟買得不夠的差別。

客戶不見得是不能接受或是不想多花錢，而是他根本不知道差別與重要性。我的經驗值是客戶的數百倍甚至數千倍，重點不在於讓他願意付更多錢，而是讓他理解為什麼值得花這些錢，當他生病受傷，想要什麼程度的醫療品質與生活品質？六人健保病房還是雙人病房？是否負擔得起看護費用？家庭生計會不會有問題？尊嚴重要還是金錢重要？對於沒有生過重病或陪病經驗的人來說，不會知道有這麼多細節需要考慮。客戶並非無知或目光短淺，而是他的人生經驗沒有機會看見這些風險的存在。

我有一個客戶大約五十歲，自己開店、沒有房貸、生活平穩。規劃時因為子女都還在學，需要負擔孩子的學費及生活支出，所以對保險的預算有所考量。她認為先生任職的公司已有員工團險，所以強烈表達不需要買到我建議的額度。我理解她的想法，還是提醒她未來若先生離職，團險保障就會消失。她說先生已經在公司做二、三十年，應該會做到退休。

可是，後來她罹患罕見疾病，保險理賠金額不夠用，先生又離職了。我所顧慮的風險確實發生了。為了避免像這樣的遺憾，我要非常確認與客戶的每一次溝通，我都盡我所能做到極致，這就是我的標準作業流程。事過境遷之後，我們可能會忘記討論的過程，客戶或許會忘記我是否曾經提出建議，但是我有信心絕對做到同理了客戶的現在與未來，並且秉持專業與經驗提出最完整的規劃建議，問心無愧。

新冠肺炎疫情不嚴重的時候，客戶購買防疫險的意願普遍很低，即使防疫險的保費不高，但是當客戶認為用不到，就會視為非必要的支出。後來確診數攀升，市場開始瘋搶，我有很多客戶後悔沒有買。客戶對需求的評估分成三個不同階段：我覺得用不到，所以不買；我可能會用到，但不要買那麼高的保額；我認為很高機率會用到。幫客戶規劃的時候，我傾向不要存有僥倖的心理。

保險的意義簡單來說，就是花一筆錢之後，就不需要再擔心這個風險了。可是如果客戶明明花錢買了一份保險，獲得理賠之後，他還要再擔心生活的其他事情，那很顯然這份保障就是不夠。所以在溝通過程中，我一定會反覆提醒客戶可能會發生什麼事，他可以獲得哪些理賠，是否經濟無虞、生活品質沒有後顧之憂？

我站在客戶的視角看他看見的世界，並且用我的經驗為他打開更寬廣的視野，跟他一起看見他所沒有看見、但是確實存在的風險。過去所累積的經驗值，使我面對風險管理擁有巨人的視角。所以我要讓客戶站在我的肩膀上，從他的視角、邏輯去看、去思考，我同理他，而不是說服他或勉強他。我們可以一起看見更遠的以後，盡力做好最完善的規劃，對於客戶未來不同的人生階段都適用。我必須讓客戶理解，如果沒有代入我的經驗值，就將這份規劃定案，其實是不負責任的。身為保險業務員，我的存在價值不是銷售商品，而是提供專業。

比起成交，我更在乎與客戶之間建立的信任感，真心希望與每一個客戶都是長久的合作關係，所以客戶在什麼階段可能會有無法承擔的風險，都會納入我現在的考量範圍。客戶或許不會記得我說過的話，但是一定不會忘記我給他的感受。我想要建立的是信任感，而且我要讓客戶知道，我不只是同理他的現在，還有他未來的每一個人生階段。

讓客戶站在我的肩膀上

人品是什麼，可以吃嗎？

客戶關係經營對保險業務員來說，是一項非常重要的工作，因為這也是客戶服務的一環。我有五千多名客戶，當我要求自己做到理解客戶的現在與未來，為他們人生的不同階段調整規劃，代表的是我必須與客戶維持緊密且長久的關係，因此客戶管理非常重要。但是我沒有特殊技巧，只有一個原則：將每一位客戶都視為朋友，真實且真誠的互動。我與客戶不常見面，甚至好幾年才有機會拜訪他們一次。但是只要客戶有需求，我一定會在最短的時間內出現。

我盡量把有使用臉書、LINE的客戶都加為好友，社群軟體不是我的行銷工具，而是用來記錄生活。我的臉書不放保險商品資訊，而是分享我走訪的絕美咖啡店、旅行看見的獨特風景、最近在做的事情與心情。除了想要與我的朋友、客戶分享生活，同時也讓他們看見我一直都在，有任何需求都可以找到我。我與客戶之間的互動不是只跟保險銷售有關，而是朋友之間的交流。例如我分享手作繽紛的土耳其燈、飼養迷你蘆丁雞，客戶會來互動或留言；同時我也關注客戶的生活近況，看到他們結婚或生小孩的喜訊，除了表達祝福，也會主動跟客戶約時間，檢視保單是否有需要隨著人生狀態調整。

我把客戶視為朋友交往與互動，一方面出自於我對人的真誠；另一方面是我對客戶一輩子服務的承諾。對我來說，要做到真實且真誠的互動，把客戶視為朋友是最自然直接的方式。業務與客戶之間，如果沒有對價的交易，這份關係就不存在了。但是朋友之間的連結卻是可以長久持續，不會輕易抹滅，也不需要目的。我發自內心希望我的客戶都能幸福，就像希望身邊的朋友過得幸福一樣。所謂的幸福不一定是積極變得更好，但是至少不要變壞。所有的保險規劃，也都是為了追求幸福及無後顧之憂而存在的。

我不是因為從事業務工作才積極與人建立連結，而是因為我本來就喜歡與人接觸、對人充滿好奇，所以才會選擇業務工作。認識新朋友的時候，我不會預想能不能從他身上賺到錢，我想的一定是：我又認識一個新的人、一個新的人生。當我在提供服務之前，我必須對客戶有深入的了解，包括他的喜好、價值觀與人生觀。在對方願意敞開心胸的情況下，我可以得知非常多關於他的事情，這不就是認識一個新朋友嗎？只要客戶願意與我交流，每接觸一個新客戶，就是獲得一個新朋友。所以客戶願意讓我了解愈多關於他自己的事情，就可以得到更適切、更符合需求的服務。

客戶平常遇到各式各樣的問題，也會來問我。印象最深刻的是，有客戶在國外行李箱打不開向我求助；請我幫忙找工作、推薦醫生；還有介紹男女朋友的。因為我有很多的客戶，認識很多不同的人，我的客戶們也非常懂得善用這項優勢，需要資源時都會詢問我。這些都跟銷售或服務無關，但是我會盡力提供協助，因為客戶已經把我當成朋友，就像我們有什麼需求會向身邊的朋友打聽一樣。我沒有時間與所有客戶喝咖啡敘舊，但是我依然用真心與他們維持朋友之間的真實互動。

當然有業務員堅持工作與私人生活界線明確，下班時間與假日不接客戶電話、不處理公事；我也看過業務員遇到客訴，最後拒絕繼續溝通、直接捨棄客戶，失去舊客戶就再開發新客戶。對這類型的業務員來說，每次銷售都是一筆獨立的交易；但是對我來說，每一張保單都是一個人生，永遠跟我的人生重疊在一起。我規劃每一份保單都會預想到十年後、二十年後，而且我還會告訴客戶，他們的孩子也都是我的客戶，我都會認真服務。

無論保費金額高低，只要客戶有需求我都會處理。例如客戶出差或旅行，需要購買旅行平安險，即使保費不高，我也都會承接。我在意的不是業績，而是當客戶需要我的時候，我都會在。不管是不是跟我買的保單，我都會提供服務，所有與保險相關的事情，找我就對了。客戶信任我不會為了成交而銷售不適合的商品，更不會因為客戶預算充裕，就推銷保費比較高、但是價值不相符的商品。保險與一般消費性商品不同，保險的功能啟動時，通常是人生的關鍵時刻，影響所及非常深遠。如果沒有以正直、誠實跟負責的態度，確實同理客戶、為客戶設想，而只是想銷售商品、追求績效，有可能對客戶造成一輩子的遺憾或是陰影。

常常有客戶對我說：「我相信妳，我們全家的保單都交給妳。」

除了請我處理孩子與父母的保險規劃，還會將我推薦給身邊的親友。轉介紹是我非常重要的客戶來源，也是客戶信任的展現，表示客戶是從心裡認同我的專業與服務。除了專業與同理心，真正影響客戶決定的，是業務員是否值得信任，是否正直、誠實以及負責。我相信業界優秀的業務員非常多，最終客戶願意跟我買，買的不是商品，而是我的人品。

第六章

未完待續

傳承

在保險業的第一個十年，我努力走得快，在最短時間內達成個人目標，才能擁有真實的力量去實現理想。保險契約有到期的時候，但是我對客戶的愛與責任永不到期，所以必須要走得更久遠，這份承諾才能實踐，這是比速度更重要的事。然而個人的力量有限，因此我希望集結有共同理念、願意共好的一群人，將我的專業技能、實務經驗以及團隊文化傳承下去，凝聚更強大的影響力，進而為保險產業帶來正向的影響、觸發更多改變的可能。

比速度更重要的事

為什麼我需要團隊

進入這個行業的前期，我關注的重點是客戶服務與業務績效。我要求自己快速成長、充實專業、累積實務經驗，在最短的時間裡獨當一面，成為值得信任的保險業務員與客戶的人生夥伴。在獲得終身TOT會員資格後，我確實成為這樣的業務員了，同時也背負著幾千位客戶的託付。這份託付對他們的人生與在乎的人，扮演著非常重要的角色，那不僅是責任感，更是使命感。

保險業務員的進入門檻不高，每年會有很多新手進入這個產業，有些業務員確實可以靠著人情保單或是單純做商品行銷，在這個產業存活。所謂的單純做商品行銷，是指業務員帶著公司的商品推銷給客戶，以銷售為導向，不論這項商品是否確實適合客戶的需求。當然這樣的方式也能夠成交，但是不符合需求的商品，極有可能在客戶遭受意外的時候，才發現客戶暴露在高風險之中，卻對風險缺乏認知，當然也沒有任何評估與管理。對於客戶來說，這樣的經驗往往會造成其對於保險的信任傷害與錯誤認知。

為什麼大部分的人對於保險業有負面的刻板印象，或是對於保險業務員想提供的資訊充滿防衛與抗拒？我認為，這與一直以來業務員素質良莠不齊以及專業倫理的認知低落，有很大的關係。即使我具備近十五年的資歷，身為一個業務據點的執行長與終身TOT會員，這些背景也不見得可以在第一次與客戶溝通時，就讓對方全然放心，並且願意信任我的專業。新客戶通常對業務員抱持著某些負面的刻板印象，很難卸下心防。

資深保險業務員如我，都會遇到這樣的情況，新進的保險業務員更是如此。在我的經驗裡，很多客戶對於保險的印象是：業務員來了就是賣我商品又離開，每個業務來又要賣我不同的商品。在銷售與服務上沒有依據與標準作業流程，客戶無法判斷保險業務員本身是否具備足夠的專業，以及其所提出的建議書，是確實評估客戶需求後的規劃，或者只是為了銷售公司的主力商品？這份不信任感對於客戶或保險業務員、甚至是整個產業而言，其實都是一種損失。

既然這是一份讓我捨不得退休的工作，那它就不只是一份「職業」，而是一輩子的「志業」。保險與客戶或其家人的人生緊密相關，不同於一般消費性商品，保險具有其重要性與特殊性。因此，我希望有更多人在購買保險商品時，可以獲得專業與優質的服務；也希望保險產業的環境與從業人員的素質可以持續提升。其實在業界，許多優秀的從業人員也有相同的想法，可是這股力量目前仍是相對薄弱的。如果有愈來愈多人開始投入，彼此都有相近的水準跟品質的時候，將會更有力量讓改變發生，因此我希望對保險產業與社會有所貢獻。

然而，個人的力量有限、時間也有限，於是我開始積極招募、培訓團隊，希望號召對於保險產業有熱情、並且認同我的理念的新進人員。我把過去十五年來服務過數千個客戶的實務經驗，有系統地歸納整理，成為一套可以具體分享與傳承的知識，讓加入團隊的新進業務員有所依循，不需要獨自摸索或一再的試誤，避免在過程中傷害客戶的權益，同時也可以降低挫折對於工作熱忱的磨損。

良禽擇木而棲，不僅是為了尋求能夠發揮的舞台，更是因為珍惜自己的羽毛。在保險產業，新進人員跟隨的主管與組織文化，將影響他們成為怎麼樣的業務員，因此選擇什麼樣的團隊，是非常重要的。當然，即使不要求專業與倫理，業務員只要熟悉商品或許就可以成功銷售，但是我對於業務員的基本要求更為嚴格。我的團隊所培養的業務員，在我的傳授與督導之下，必須具備一定的水準與素養，才可以開始服務客戶。

我的團隊所培養的每一個業務員，都必須經過整個單位的訓練。他們或許有不同的學歷背景與個人特質，會發展出各自的銷售風格與服務特色，但無論是專業技能或是專業倫理（包括同理心、正直與誠實等），以及對客戶的責任感與對這個產業的使命感，都是一致的。這是我的自信，也是我的底氣。

第一個十年，我追求的是速度，如何在最短的時間裡成長、累積更多的經驗值，但是接下來的第二個、第三個十年，我需要的是一個團隊。一個人走的速度可以很快，所以我用最短的時間達成了個人的目標；但是如果我想要走得遠、走得久，直到我的影響力可以確實的讓這個產業變得更好，那我就會需要一群人跟我有相同信念的人一起前進。

全天下最完美的陣容

團隊的資源與優勢

保險業務員的工作型態看似單打獨鬥，其實在新進人員時期，需要大量的教育訓練與經驗傳承，以及主管的督導與輔助。在這個產業裡，新人選擇跟隨什麼樣的主管，那表示主管身上一定有讓他可以仰望、學習之處，或是可以承接的資源。簡單來說，在保險業裡，你願意跟隨哪個主管，那一定是你看到這個人身上有你想要的東西。而現在的我，很明確擁有非常多保險業務員渴望的資源，包括我所組建的整個團隊。

我的團隊優勢為何？首先，加入團隊的新進人員，一定可以得到我的時間。

這件事情為什麼如此珍貴需要特別說明，並不是因為我自視甚高，相反的，這是我對於加入團隊的夥伴們，最真摯且懇切的承諾。無論貧富貴賤，每個人一天都只有二十四個小時，時間是世界上最公平也最珍貴的事物之一。過去的我在追求速度，工作重點完全放在開發與行銷；現在的我已經達到設定的目標，客戶服務也建立了一套運作的模式，為了維持服務品質，我不再開發新客戶。相較於其他業務主管還在達成自己個人目標與成就的階段，我可以投注更多的心力教學及輔導新進業務員，而不是衝刺個人業績的同時，還要兼顧新人的培訓。另一方面，有些人的原則是獨善其身，即使身為主管，也不會花太多心力在領導團隊或是培訓新進人員。

當然我不認為前期完全衝刺個人目標的方式是絕對正確的，很多資深的業務員是雙軌並進，這只是我個人的發展歷程如此。過去我沒有找到那麼合適的方式，可以同時顧及業績達成與團隊組建，所以選擇以最有效率的方式，先專心致志達成個人目標。在過程中體認到自己需要團隊所凝聚的力量，去實現我的理想。發展團隊、傳承經驗就是現階段最重要的工作重點，也是我視為使命的任務。

因此，我把自身的知識與經驗系統化為一套完整的課程與訓練，團隊架構也已經完備。我投注心力教導團隊裡的新進人員，陪伴他們、督促他們，並且進行考核。相對的，我所擁有的資源，不要只有我有，我希望整個團隊都有；我所會的技巧，不要只有我會，我希望整個團隊都會。這就是加入「林孟璇團隊」享有的優勢。

除了我的時間之外，當然也會提供我所有的資源，無論是我過去實務上累積的人脈，或是我在組織裡擔任執行長可運用的資源，這些也都是加入我團隊的新進人員可以承接得到的。

我們為新進人員編製專屬教戰手冊，搭配為期三個月的培訓課程，內容包括：壽險證照、產險證照、外幣證照以及投資型證照的考照輔導與複習時程。磐石保經內部系統與十五間壽險公司的商品系統操作訓練以及商品解說訓練，挑選具有優勢的商品，培養商品內容解說的能力，並以通關的方式作為考核。客戶需求分析的標準作業流程教學以及技術考核，指導如何蒐集客戶資訊，進行需求分析。新進人員只要確實完成課程，即具備壽險業務員基礎能力。這類課程在業界並不罕見，難得的是集結團隊內部資源，協力合作建構而成。

所謂的「林孟璇團隊」，並不是只有我一個人的團隊，這個團隊是由一群與我理念相同的夥伴所組成，團隊裡的資深業務主管皆各有其擅長與經驗值，例如有人擅長陌生開發、有人著重銷售技巧、有人具備財務金融背景、有人是會計師等。對我的團隊成員來說，在新人時期不需要獨自摸索，而是有如同師長的主管們悉心指導，也有前輩與同期夥伴的經驗傳承與分享、並肩作戰。資深業務員不會像當時的我，徘徊於業績與增員難以取捨，而是可以兩者同時並進，不需要選擇單一路線。因為在我的團隊裡，沒有人是孤軍奮戰。我就是整個團隊最強而有力的靠山，所有夥伴都是彼此最實際且即時的支援。

很多人從事業務工作是因為想要賺很多錢，收入當然是一種驅動力，但是如果新人一來就表明以賺錢為首要目標，或是自私不願意分享的人，那我認為並不適合加入我的團隊。同樣地，如果一家保險公司在增員時，只強調可以讓業務賺到很多錢、或是要求業務不擇手段就是要達到業績目標，這樣的組織勢必無法長遠的發展，因為以利益為導向的組織文化缺乏願景，很容易使人在追逐業績的過程中迷失自我，最終也必然會失去業務員最重要的核心價值——客戶的信任。對於剛踏入保險產業的人來說，獨自摸索或許會繞遠路、多花一些時間，但是價值觀的養成偏差了，可能很難再調整回來，這條路很難走得長遠。

因此，除了資源之外，團隊的文化與願景也非常重要，尤其是整個團隊對於這份文化與願景是否具有共識。一個團隊的領導者是否具備明確的發展願景，其高度與視野將決定這個團隊的格局有多大。而我發展團隊的初衷，是我對於保險工作的熱愛、對於客戶的責任以及對於保險產業的使命感，我希望從業人員素質有所提升，進而改變一般人對於保險的負面刻板印象，啟動整個產業進入一種良善、共好的正向循環，這就是「林孟璇團隊」的文化與願景。所以在選才的時候，我非常重視個人的價值觀與團隊的文化願景是否符合，我們共同的理念是將「服務客戶」這件事做到極致，並且對於自己的專業與理念有所堅持，我必須確認每一個想要加入團隊的人，都具備這樣的共識，才有後續的合作空間。

我的任務不僅是教學與傳承，還有網羅大量的人才進入團隊。優秀的人才彼此相互加乘，每個人都願意無私分享與彼此協助，就會凝聚更強大的力量，成為彼此最堅實的後盾。對於新進業務員來說，團隊的資源與支持將會是讓他可以在這條路上走得更久更遠的助力。對於可以獨當一面的資深業務員來說，與團隊依然會維持資源共享、互相砥礪成長的關係，這個連結將會一直存在，未來每一個成員也都可以將這樣的資源再傳承下去，成為良善的正向循環，這就是我所希望成就的「共好」，也是我的團隊最重要的組織文化。並不是所有的組織都能夠發展出這樣的共識，但是在我的團隊裡這是被所有成員所認同的價值。認同這樣的組織文化與願景的人，加入我們的團隊，可以與擁有相同信念的夥伴一起做喜歡的工作，我相信可以賺到錢、獲得成就感，同時身心必然是愉快健康的。

愛與責任永不到期

我與客戶S第一次見面，是在蘆洲的肯德基。

S在一家傳統產業的公司擔任行政助理，獨力撫養一雙兒女。孩子們放學後，背著書包來會合，對我羞怯地喊著「阿姨好」。那一年我二十五歲。

十年後，當時背著書包的孩子長大了，第一次主動打電話給我：「媽媽走了，被一台貨車撞死的。妳能幫我看看媽媽買了什麼保險嗎？」我瞬間想起與S最後一次聯絡時，她已經再婚，想要確認自己壽險的受益人，依然是兩個孩子。此刻，我腦海中浮現的是她嘴角上揚、眼神充滿光芒的樣子。

我們簽訂的契約到期了，但是愛與責任永不到期。

達成終身TOT之後，我開始思考，如果有一天離開這個行業，想要帶走什麼？我想帶走心甘情願跟我走的客戶。因為這對我來說不只是一份工作。我的客戶量已經到達某種龐大的程度，真的無法想像如果因為離開而讓客戶認為我是失格的業務員，最終大概只能搭飛機離開台灣，類似潛逃出境的概念。所以踏入保險業之後的我，此生職涯的「離開」只可能是公司之間的轉換，例如傳統保險公司與保險經紀公司的差別，而不會是離開這個產業。當年我母親決定離開新光人壽時，放棄了一年兩百多萬的續期佣金，因為她看到傳統保險公司的限制與困境。而在她進入磐石保險經紀人公司後，她發現擁有可銷售商品的多樣性，可以更適切的滿足客戶所有需求。

對我來說，這份工作是一份使命，當客戶把人生的重要規劃託付給我，這份信任就是我心中永遠承擔的重量。我認為那是愛與使命，雖然聽起來很像八股的標語，但我確實是這樣看待每一份保單。我認為這是身為一個保險業務員，永遠不能背棄的承諾。如果一個保險業務員，對客戶缺乏愛與責任，無論在這個產業做多好、多長久，我都不會認同。而我將會把這份信念傳承下去，所有進入我團隊的業務員，也必須秉持這樣的態度（覺悟），兢兢業業的服務客戶。

為客戶規劃或是提供建議的時候，我不只是以客戶的視角看他的人生，我會盡可能同理他的感受、喜好與價值觀，代入他的靈魂（是什麼通靈的概念嗎）。當我確實將客戶的需求都當成自身的需求，將客戶的風險都當成自身的風險，在進行評估與規劃的時候，我才認為自己確實獲得足夠的資訊，以做出最完整謹慎的判斷。這份心意是源自於我對客戶的愛。每一份規劃我都看得很長遠，不只同理客戶的現在，還要同理客戶的未來。我假設我的人生與他的人生將會一起走到盡頭，甚至會與他的小孩一起走到最後。所以我必須為他十年後、二十年後可能發生的意外事件（無論是好是壞），都先設想解決方案，讓他可以無後顧之憂的豐富人生、照顧所愛的人。這份心意是源自於對客戶的責任。

我是一個完全沒有假日的人，從來不關手機，客戶隨時可以找到我。到哪裡都隨身帶著筆電，無論是淡水八里或是法國巴黎。因為我想像客戶可能會在任何時間點必須找我，人生的意外事件不會挑選時機發生，而我希望當客戶需要的時候，我都在。當然並不是所有保險業務員都選擇過著工作與生活毫無界線的生活，我會選擇這個狀態跟我大學就讀傳播科系有關，我在那時候就進入這樣的狀態了。我以為自己會選擇媒體業，而那也是必須隨時在線的工作性質。既然早就這樣選擇了，那就不會抱怨，而是把工作完美融入生活，在生活裡享受工作。

由於深切體認到自己不可能離開這個產業，我開始思考必須培養團隊。因為我母親的緣故，很多人稱我為「保二代」。以前我對此非常抗拒，認為這是一張否定個人努力與能力的標籤。現在可以坦然的自我解嘲，沒錯我是保二代，而且是最成功的保二代，青出於藍。目前我還沒有看到哪一家有延續到保三代，所以我視其為更長遠的目標。如果我的小孩願意接班，我百分之百希望這份使命可以繼續被傳承下去。我努力招募團隊，最終也是為了這個目標，希望培養出林孟璇的保二代，一整個團隊的接棒者。

所以在增員過程中，前期的篩選、對談，我都非常謹慎的探詢與確認，因為我希望一起共事的夥伴，與我的本質及價值觀是相同的，必須善良、正直，對客戶有永不背棄的愛與責任。我希望有更多人在購買保險商品的時候，可以獲得專業的服務，買到真切符合需求的商品，人生風險被合理且完善的管理，並預備好意外發生時的解決方案。因為那是最重要的一張安全網，必須承接對客戶來說重要的人。而這只靠我一個人是做不到的，如果我可以將自身的專業、技巧還有信念，傳承給更多業務員，那才能成為更強大的力量，這是我培養團隊的初衷與宗旨。

當我只是一名保險業務員的時候，我要承擔的是我對客戶的承諾；而現在我不只是一名業務員，我同時也是執行長，我所要考慮的還有我的團隊。我會繼續為客戶與團隊奮力向前，不只要走得快，更要走得遠。我也期許每一位團隊成員都能秉持這份「愛與責任」的信念與使命，將這份工作視為一生的志業，這份工作不受任何學經歷背景的限制，成功與否都取決於自己的努力跟選擇，祝福他們都能享受這份工作帶來成就感與快樂，當然還有財務自由，跟我一樣捨不得退休。

因為我對客戶的愛與責任永不到期，對工作的熱情與理想永遠未完待續。

企管銷售 57

人品行銷

最年輕終身 TOT 的超業心法

・作者　林孟璇
・主編　彭寶彬
・文字主編　陳品涵
・美術設計　張峻榤

・發行人　彭寶彬
・出版者　誌成文化有限公司
116 台北市木新路三段 232 巷 45 弄 3 號 1 樓
電話：(02)2938-1078 傳真：(02)2937-8506
台北富邦銀行 木柵分行（012）
帳號：321-102-111142
戶名：誌成文化有限公司

・總經銷　采舍國際有限公司 www.silkbook.com 新絲路網路書店

・出版 / 2023 年 2 月 初版一刷
・ISBN / 978-626-96030-4-6(平裝)
・定價 / 新台幣 300 元

國家圖書館出版品預行編目 (CIP) 資料

人品行銷：最年輕終身 TOT 的超業心法 / 林孟璇著
臺北市：誌成文化有限公司，民 112.02
224 面；148*210 公分 . --（企管銷售；57)
ISBN 978-626-96030-4-6(平裝)
1.CST: 保險業 2.CST: 保險仲介人 3.CST: 職場成功法
563.7　112001027